AF452655

ARITHMÉTIQUE

A L'USAGE

DE L'ÉCOLE INDUSTRIELLE DE NANTES,

PAR RABINEAU,

ARCHITECTE-VOYER D'ARRONDISSEMENT, PROFESSEUR EN CHEF
A L'ÉCOLE INDUSTRIELLE DE NANTES.

NANTES,
IMPRIMERIE DE M.me V.e CAMILLE MELLINET.

1847.

PRÉFACE.

—

Feu M. Brieugne, ce digne directeur de l'École Industrielle de Nantes, qu'il a dotée de tant d'améliorations dans l'organisation et l'instruction, ayant en vain cherché un traité d'arithmétique spécial qui pût convenir à l'éducation professionnelle de ses apprentis, m'avait fait promettre de remplir cette lacune. Quoique ayant acquis quelque expérience, par un professorat de quatorze ans et par une fréquentation continuelle des ateliers, peu confiant dans mes faibles connaissances, j'ai fait de nouvelles recherches avant de satisfaire à ce désir; et ce n'est qu'après avoir reconnu moi-même qu'il n'existait encore aucun ouvrage qui, à mon avis, offrît une juste proportion avec le degré d'instruction nécessaire à l'exercice des professions que nos apprentis doivent embrasser, que je me suis mis au travail. L'accueil que ce traité a trouvé près de la Commission de la Société Industrielle de Nantes, qui a jugé, à l'unanimité, qu'il serait imprimé aux frais de cette Société, pour l'usage de son École, peut m'autoriser à penser qu'il pourrait aussi convenir aux institutions qui, comme nous, s'occupent de l'éducation des jeunes ouvriers.

Tout en appuyant chaque principe d'une démonstration satisfaisant à la raison, je me suis appliqué, dans cet ouvrage, à élaguer avec soin toutes les superfluités et tout le luxe de la science. Je pense avoir introduit quelques innovations dans le classement des principes, dans l'exposé du système métrique (auquel je crois avoir donné tout le développement qu'exige son importance actuelle), dans la règle d'intérêt, dans les applications toutes empruntées à l'industrie, etc... Le lecteur appréciera si ce traité, que j'ai entrepris en vue d'être utile et sans vouloir en tirer aucun profit, satisfait au but que je me suis proposé.

ARITHMÉTIQUE.

DÉFINITIONS GÉNÉRALES.

1. *On appelle quantité, tout ce qui est susceptible d'augmentation ou de diminution*, comme le poids d'une chose, sa valeur, sa largeur, etc.

L'unité est ce qui sert de terme de comparaison, lorsqu'il s'agit de compter ou de désigner combien il y a d'objets semblables dans une quantité. Par exemple, si l'on veut savoir la hauteur d'un atelier, la mesure que l'on prendra pour parvenir à ce but sera *l'unité* ; ainsi, si l'on dit qu'un atelier a six mètres de hauteur, le mètre sera l'unité. Si l'on veut savoir ce que pèse une pièce de fonte, le poids que l'on emploiera sera l'unité : si donc l'on dit que la pièce de fonte pèse deux cent cinquante kilogrammes, le kilogramme sera l'unité. Si l'on veut compter le nombre de carreaux de la classe, le nombre d'arbres d'une forêt, le carreau, l'arbre, seront l'unité.

Le nombre est ce qui exprime combien il y a d'uni-

tés, ou de parties d'unités, ou d'unités et de parties d'unités, dans une quantité.

2.   On distingue en général trois espèces de nombres : *Le nombre entier, qui n'est composé que d'unités entières*, comme vingt-cinq jours, quarante-quatre mètres.

3.   *Le nombre fraction, qui n'est composé que d'une ou plusieurs parties d'unité*, comme un tiers de jour, vingt-cinq centimètres.

4.   *Le nombre fractionnaire, qui est la réunion des deux précédents, et qui est en conséquence composé d'unités entières et de parties d'unité*, comme vingt-cinq jours et un tiers de jour, quarante-quatre mètres et vingt-deux centimètres, etc.

L'Arithmétique est la science des nombres et du calcul; c'est-à-dire, que son but est de donner le moyen de les représenter, de les composer et de les décomposer; ce qu'on appelle calculer.

Numération des nombres entiers.

La numération est l'art de former les nombres, de les énoncer et de les écrire.

Pour former les nombres entiers, on est parti de l'unité. L'unité ajoutée à elle-même donne le nombre *deux*. A ce nombre deux ajoutant encore l'unité, on obtient le nombre *trois*. En ajoutant toujours ainsi l'unité au nombre précédent, on a composé les nombres *quatre, cinq, six, sept, huit, neuf*. A ces neuf premiers nombres on a donné le nom d'unités simples.

On les a représentés par neuf caractères ou *chiffres;* comme on le voit ici :

Un, deux, trois, quatre, cinq, six, sept, huit, neuf.

1.   2.   3.   4.   5.   6.   7.   8.   9.

5.   On a aussi recours à un dixième chiffre 0 appelé *zéro,* qui n'a aucune valeur par lui-même, mais que l'on met à la place des unités que peut ne pas conte-

nir le nombre à écrire, afin de conserver aux chiffres représentant les unités exprimées, le rang qui leur est fixé : ce qui va s'expliquer ci-dessous.

Au nombre neuf ajoutant encore l'unité, on a formé le nombre *dix*. Cette collection de dix unités se nomme *dizaine*. On a compté par dizaines comme par unités ; mais, au lieu de dire : 1 *dizaine*, 2 *dizaines*, 3 *dizaines*, 4 *dizaines*, 5 *dizaines*, 6 *dizaines*, 7 *dizaines*, 8 *dizaines*, 9 *dizaines*, on dit : *Dix, vingt, trente, quarante, cinquante, soixante, soixante-dix, quatre-vingts, quatre-vingt-dix ;* puis, entre chaque dizaine, on a inséré les neuf premiers nombres : ainsi, entre la première et la seconde dizaine, on a dit : *Dix-un, dix-deux, dix-trois, dix-quatre, dix-cinq, dix-six, dix-sept, dix-huit, dix-neuf ;* entre la deuxième et la troisième : *Vingt et un, vingt-deux*, etc., *vingt-neuf ;* entre la troisième et la quatrième : *Trente et un, trente-deux*, etc., *trente-neuf ;* etc.

Il faut excepter de ce système les six premiers nombres compris entre dix et vingt ; car, au lieu de dire : *Dix-un, dix-deux, dix-trois, dix-quatre, dix-cinq, dix-six*, on dit : *Onze, douze, treize, quatorze, quinze, seize*.

On a représenté les neuf dizaines par les mêmes chiffres que les unités simples, mais, pour les en distinguer, on est convenu de les placer à la gauche des unités, c'est-à-dire au second rang à gauche.

Ainsi, pour représenter le nombre cinquante-quatre unités, qui renferme 5 *dizaines et* 4 *unités*, on écrira : 54. Pour représenter le nombre soixante-dix unités, qui ne contient que 7 *dizaines sans unités simples*, on écrira : 70, en employant, comme il a été dit ci-dessus, le chiffre 0 pour tenir la place des unités, et conserver aux sept dizaines le second rang.

Par ce moyen, on a compté jusqu'à *quatre-vingt-dix-neuf*. Ce nombre, augmenté d'une unité, donne dix dizaines.

De même que de la collection de dix unités, on a

formé une unité d'un nouvel ordre, qu'on a nommée
dizaine ; de la collection de dix dizaines, on a formé une
unité d'un nouvel ordre, que l'on a nommée centaine
ou *cent*. On a aussi compté par centaines comme
par unités et par dizaines ; ainsi l'on a dit : *Un cent*,
deux cents, trois cents, etc., *neuf cents*. De même
aussi qu'entre chaque dizaine on a inséré les neuf
premiers nombres, entre chaque cent on a inséré
les quatre-vingt-dix-neuf nombres déjà formés. On a
donc, par ce moyen, compté jusqu'à *neuf cent quatre-vingt-dix-neuf*.

On a représenté les centaines par les mêmes chiffres que les dizaines et les unités simples, mais, pour
les en distinguer, on les a placés à la gauche des dizaines, conséquemment au troisième rang à gauche.
Ainsi, pour écrire *quatre cent vingt-huit unités*,
nombre qui renferme *quatre centaines, deux dizaines et huit unités*, on écrira 428. Pour écrire *six cent
sept unités*, nombre qui renferme *six centaines, pas
de dizaines et sept unités*, on écrira 607 ; mettant le
zéro pour remplacer les dizaines. Pour écrire le nombre *huit cents*, qui ne contient ni dizaines ni unités,
on écrira 800 ; en remplaçant par des zéros les dizaines et les unités qui manquent (5).

En continuant ainsi de renfermer *dix unités d'un
ordre inférieur dans une seule d'un ordre immédiatement supérieur*, et en plaçant les nouvelles unités à
des rangs de plus en plus avancés vers la gauche, on
est parvenu à exprimer et à écrire, avec dix caractères
seulement, tous les nombres entiers imaginables.

6.   Pour énoncer un nombre entier, *on le partage, au
moins par la pensée, en tranches de trois chiffres, en allant de droite à gauche ; la dernière tranche à gauche
peut évidemment n'avoir qu'un ou deux chiffres : sachant
ensuite qu'en partant de la première tranche à droite,
on leur donne les noms suivants : Unités, mille, millions, billions, trillions, quatrillions, etc., on commence par la gauche et l'on énonce chaque tranche*

comme si elle était seule, en prononçant à la fin de chacune le nom qu'on est convenu de lui donner.

Par exemple, pour énoncer le nombre suivant :

Trillions billions millions mille unités.

45,   678,   907,   654,   326.

on dira : quarante-cinq trillions, six cent soixante-dix-huit billions, neuf cent sept millions, six cent cinquante-quatre mille, trois cent vingt-six unités.

7.   Pour écrire un nombre sous la dictée, *on écrit d'abord la tranche des plus hautes unités, puis à sa droite on écrit successivement toutes les autres, en ayant soin de remplacer par des zéros les tranches, ou les unités, dizaines ou centaines de chaque tranche qui peuvent y manquer, afin de ne pas altérer le nombre.* Ainsi, si l'on prononce trente-deux millions, six cent quarante-quatre mille, cinquante-deux unités, j'écris d'abord 32 (*tranche des millions*), puis, à la suite, j'écris 644 (*tranche des mille*), puis 052 (*tranche des unités*), dans laquelle le chiffre des centaines, qui n'a pas été prononcé, est remplacé par un zéro. On a ainsi pour le nombre complet 32644052.

Remarquons que le premier chiffre de chaque tranche en partant de la droite, représente les unités de cette tranche et a le nom de cette tranche. Le second est celui des dizaines, et le troisième est celui des centaines.

8.   Il résulte de cette remarque et de la base du système de numération, qu'à mesure qu'on avance vers la gauche, les unités que représente chaque chiffre sont de dix en dix fois plus grandes.

9.   Ainsi, pour rendre un nombre entier *dix, cent ou mille fois plus grand, il suffit de mettre à sa droite un, deux ou trois zéros ;* parce que chaque chiffre, en avançant ainsi d'un, de deux ou de trois rangs vers la gauche, a une valeur dix, cent ou mille fois plus grande.

Par exemple, pour rendre le nombre 627 cent fois

plus grand, on ajoutera deux zéros à sa droite : il deviendra alors 62700, nombre cent fois plus grand, parce que chaque chiffre, par son nouveau rang, exprime une valeur cent fois plus grande. En effet, le chiffre 7, qui exprimait des unités, représente maintenant des centaines ; le chiffre 2, qui représentait des dizaines, représente maintenant des mille ; et le chiffre 6, qui représentait des centaines, représente maintenant des dizaines de mille : ainsi, chaque partie du nombre ayant obtenu une valeur cent fois plus grande, le nombre est donc devenu également cent fois plus grand.

10. Par un raisonnement analogue, on démontrerait facilement *que pour rendre dix, cent ou mille fois plus petit un nombre terminé à sa droite par des zéros, il suffirait d'en supprimer un, deux ou trois.* Ainsi, pour rendre le nombre 3460000 mille fois plus petit, on retranche trois zéros à sa droite, après quoi il devient 3460.

Numération des nombres décimaux.

Toutes les quantités ne peuvent pas être évaluées exactement en nombres entiers. Par exemple, il est évident que quand on mesure la longueur d'un tableau, on ne trouve pas toujours un nombre exact de mètres ; mais bien un certain nombre de mètres, plus une partie plus petite que le mètre. Il a donc fallu trouver un moyen d'évaluer les quantités plus petites que l'unité, et le moyen le plus simple, c'est de les évaluer en décimales ; c'est-à-dire, en parties de dix en dix fois plus petites que l'unité.

Pour évaluer en décimales les quantités plus petites que l'unité, on a d'abord conçu l'unité partagée en dix parties égales, qui, étant chacune le dixième de l'unité, ont été, pour cette raison, nommées *dixièmes*. On les a représentées par les mêmes chiffres que les unités simples ; mais, pour les en distinguer, on les écrit à leur droite, et on les sépare

par une virgule. Ainsi, pour écrire 8 unités 5 dixièmes, on écrira 8,5. On a de même conçu les
dixièmes partagés en dix autres parties égales : ces
nouvelles parties étant dix fois plus petites que les
dixièmes, qui sont dix fois plus petits que l'unité,
seront donc cent fois plus petites que l'unité. C'est
pour cette raison qu'on les a nommées *centièmes*. On
a écrit les centièmes à la droite des dixièmes. Ainsi,
pour écrire 8 unités, 5 dixièmes et 7 centièmes, on
écrira 8,57.

En continuant ainsi de subdiviser en parties de
dix en dix fois plus petites, qu'on nomme successivement *millièmes*, *dix-millièmes*, *cent-millièmes*,
millionièmes, etc., et en plaçant ces nouvelles parties à des rangs de plus en plus avancés vers la
droite, on est parvenu à exprimer les parties d'unité
les plus minimes.

Nous appellerons la partie à gauche de la virgule,
la partie entière ou *les entiers*, et celle à droite, *la
partie décimale* ou *les décimales*.

On est convenu de nommer *nombres décimaux tous
nombres entiers suivis de décimales*, *ou toutes parties décimales non précédées d'entiers*. Dans ce dernier cas, à la place des unités entières on met un
zéro.

10 *bis*. Pour énoncer les nombres décimaux, *on
énonce d'abord la partie entière séparément, puis la
partie décimale comme si c'était également un nombre entier (6), mais en y ajoutant le nom des unités
décimales que représente le dernier chiffre*. Ainsi,
pour énoncer le nombre 28,462, on dira 28 unités
et quatre cent soixante-deux millièmes.

On en concevra la raison, en observant que le
dixième valant dix centièmes, 4 dixièmes vaudront
4 fois 10 ou 40 centièmes ; mais le centième valant dix millièmes, ces 40 centièmes vaudront 40
fois 10 ou 400 millièmes : ainsi 4 dixièmes équiva-
lent à 400 millièmes. Mais, par la raison qu'un cen-

tième vaut 10 millièmes les 6 centièmes vaudront,
6 fois dix ou 60 millièmes.

Résumons: puisque 4 dixièmes valent 400 millièmes,
que 6 centièmes valent 60 millièmes,
et qu'on a de plus 2 millièmes,
au lieu de dire successivement 4 dixièmes, 6 centièmes et 2 millièmes, il convient mieux de dire
462 millièmes, ainsi qu'on l'avait avancé ci-dessus.
Pour énoncer 9,043 on dira neuf unités, quarante-
trois millièmes.

Pour écrire un nombre décimal sous la dictée,
*on écrit d'abord la partie entière (7), qui a été
nécessairement énoncée la première; puis, à la droite
et en séparant par une virgule, on écrit la partie décimale comme si c'était un nombre entier, en ayant
soin de placer le dernier chiffre au rang de l'espèce
d'unités décimales que l'on a entendu prononcer, ce
qui oblige à remplacer celles qui manquent par des
zéros.*

*Si le nombre dicté ne contenait pas de partie en-
tière, on la remplacerait par un zéro que l'on sé-
parerait également de la partie décimale par une
virgule.*

Ainsi, si l'on dicte trois cent quatre-vingt-trois
unités six cent vingt-trois millièmes, on écrira
383,623. Vingt-quatre unités trente-deux millièmes,
on écrira 24,032, mettant un zéro afin que le 2
soit à la place des millièmes exprimés. Neuf unités
sept centièmes, on écrira 9,07. Enfin, si l'on
dictait six cent vingt-quatre dix-millièmes, on écrirait 0,0624, mettant un zéro pour tenir la place
de la partie entière.

11. *Un nombre décimal ne change pas de valeur
quand on met des zéros à sa droite.*

Ainsi, 27,35 a la même valeur,
que   27,350
et que 27,3500.

En effet, dans le premier nombre, chaque centième valant dix millièmes, les 35 centièmes valent 350 millièmes. Par un raisonnement semblable, on se rend compte que 350 millièmes sont la même chose que 3500 dix-millièmes.

Pour rendre un nombre entier qui n'est pas suivi de zéros, dix, cent ou mille fois plus petit, *il faudrait retrancher à sa droite par une virgule un, deux ou trois chiffres*, ce qui forme une partie décimale. Soit le nombre 8657 à rendre cent fois plus petit : on sépare deux chiffres décimaux sur sa droite ; on a ainsi le nombre 86,57 qui est cent fois plus petit, parce que chaque chiffre exprime une valeur cent fois moindre (8). En effet, le chiffre 7, qui était au rang des unités, est au rang des centièmes ; le 5, qui était au rang des dizaines, est maintenant au rang des dixièmes ; le chiffre 6, qui était au rang des centaines, est au rang des unités, etc.

Si le nombre entier à rendre plus petit, *n'avait pas assez de chiffres à sa droite pour le placement de la virgule, on mettrait la quantité de zéros suffisante*. Ainsi, le nombre 43 unités à rendre dix mille fois plus petit, devient 0,0043.

En appliquant le raisonnement ci-dessus, on reconnaîtra facilement que pour rendre un nombre décimal *dix, cent ou mille fois plus petit, il suffit d'avancer la virgule d'un, deux ou trois rangs vers la gauche, en mettant des zéros lorsque le nombre des chiffres n'est pas suffisant*. C'est ainsi que le nombre 346,864 rendu cent fois plus petit, devient 3,46864, et que le nombre 76,82 rendu dix mille fois plus petit, devient 0,007682.

En appliquant encore le même raisonnement, on verrait que pour rendre un nombre décimal *dix, cent ou mille fois plus grand, il faut avancer la virgule d'un, deux ou trois rangs vers la droite*, ajoutant aussi des zéros si le nombre des chiffres n'est pas suffisant. C'est ainsi que le nombre 47,8674 rendu cent fois plus grand, devient 4786,74, et que le nombre 6,25 rendu dix mille fois plus grand, devient 62500. Dans ce dernier cas, on peut effacer la virgule.

Opérations de l'Arithmétique.

La composition et la décomposition des nombres, c'est-à-dire les calculs, reposent sur quatre opérations que nous appelons fondamentales ; parce que les autres, quelque compliquées qu'elles soient, ne s'effectuent qu'avec leurs combinaisons. Ces quatre opérations sont: *l'addition*, *la soustraction*, *la multiplication et la division*.

Addition des nombres entiers et des nombres décimaux.

12.   L'addition est une opération *dont le but est de réunir plusieurs nombres de même nature en un seul, nommé Somme ou Total.*

Nous disons qu'il faut que les nombres soient de même nature, parce que bien évidemment on ne peut ajouter des francs avec des mètres, ou des mètres avec des pieds.

Addition des nombres entiers.

Pour faire l'addition des nombres entiers, *on les pose les uns sous les autres de manière que les unités soient sous les unités, les dizaines sous les dizaines, etc.; on tire un trait sous le tout, puis, commençant par la droite, on ajoute d'abord tous les chiffres qui sont dans la colonne des unités. Si cette somme ne passe pas neuf, on l'écrit au-dessous telle qu'on la trouve; si, au contraire, elle passe neuf, comme il ne faut que dix unités pour faire une dizaine, c'est qu'elle contient une ou plusieurs dizaines. Dans ce cas, on ne pose que les unités excédant les dizaines, et l'on retient ces dizaines pour les porter à la co-*

lonne des dizaines, qui est la colonne suivante. On fait pareillement la somme des chiffres de cette colonne : si elle ne dépasse pas neuf, on la pose au-dessous telle qu'on la trouve ; mais si elle passe neuf, c'est qu'elle contient des centaines ; alors on ne pose que les dizaines, et l'on retient les centaines pour les porter à la colonne des centaines. On continue ainsi de suite jusqu'à la dernière colonne à gauche, où l'on pose la somme telle qu'on la trouve.

EXEMPLE D'ADDITION :

$$
\begin{array}{r}
3548 \\
12619 \\
6725 \\
92601 \\
\hline
115493
\end{array}
$$

Après avoir placé les nombres donnés les uns au-dessous des autres de manière que les chiffres de même ordre se correspondent, je fais la somme de la colonne des unités, en disant : 8 et 9 font 17 et 5 font 22 et 1 font 23 ; en 23 unités il y a 2 dizaines et 3 unités, je ne pose que les unités et je retiens les dizaines pour la colonne des dizaines. Je fais pareillement la somme de cette colonne, en disant : 2 de retenues et 4 font 6 et 1 font 7 et 2 font 9 ; comme 9 dizaines ne contiennent pas de centaines, je pose ce chiffre 9 sans faire aucune retenue pour la colonne des centaines. Passant aux centaines, je dis : 5 et 6 font 11 et 7 font 18 et 6 font 24 ; en 24 je pose 4 et je retiens 2 pour la colonne des mille. Passant à cette colonne, je dis : 2 et 3 font 5 et 2 font 7 et 6 font 13 et 2 font 15 ; en 15 je pose 5 et retiens 1 pour la colonne des mille, où je dis : 1 et 1 font 2 et 9 font 11. Cette colonne étant la dernière, je pose 11.

Ainsi les 4 nombres donnés étant réunis forment un total qui est 115493.

Si nous recommandons de commencer l'addition par la droite, c'est pour que l'on puisse facilement ajouter avec chacune des colonnes l'excédant provenant de la colonne à droite ; ce qui ne pourrait pas se faire en commençant par la gauche, à moins de revenir sur les sommes des colonnes déjà portées.

Addition des nombres décimaux.

L'addition des nombres décimaux se pose et s'effectue comme celle des nombres entiers, *on a seulement soin de séparer sur la droite du total autant de chiffres décimaux qu'il y en a dans celui des nombres qui en contient le plus.*

$$
\begin{array}{r}
\text{Exemple :} \quad 8723,6784 \\
906,525 \\
432,85 \\
10,2573 \\
\hline
\text{Somme. . .} \quad 10073,3107 \\
\end{array}
$$

On nomme *preuve* d'une opération, une seconde opération faite pour s'assurer de l'exactitude de la première.

Le moyen le plus simple de faire la preuve de l'addition, *c'est de la recommencer, en ajoutant les colonnes de bas en haut* au lieu de haut en bas, ainsi qu'on le fait pour l'opération elle-même. Si l'on retrouve le même total, on peut en conclure que l'opération est bonne ; car il n'est pas probable que la même erreur qui a été commise dans un sens, se reproduise semblable dans l'autre sens.

Soustraction des nombres entiers et des nombres décimaux.

13. La soustraction *est une opération par laquelle on retranche un nombre d'un autre nombre plus grand.* Le résultat de cette opération se nomme

Reste, *Excès ou Différence*, selon le but que l'on se propose en l'effectuant.

Soustraction des nombres entiers.

Pour faire la soustraction des nombres entiers, *on pose le plus petit nombre sous le plus grand, de manière que les unités de même ordre se correspondent, puis on tire un trait sous le tout. Commençant ensuite par la droite, on retranche chaque chiffre inférieur de celui qui lui est supérieur, et l'on écrit le reste au-dessous. Si deux chiffres qui se correspondent étaient égaux, on écrirait zéro au-dessous. Si le chiffre inférieur est plus grand que celui supérieur, on ajoute à ce dernier dix unités que l'on obtient en empruntant une unité sur le chiffre à gauche, qui est en conséquence diminué d'autant. Si le chiffre sur lequel on doit faire l'emprunt était un zéro suivi ou non de plusieurs autres, l'emprunt ne pouvant se faire sur les zéros, se fait sur le premier chiffre significatif qui vient après ; mais dans ce cas on compte les zéros pour autant de 9.*

EXEMPLES :

	1.ᵉʳ		2.ᵉ		3.ᵉ
De	747	De	2735	De	8004
Otez	225	Otez	352	Otez	5075
Reste	522	Reste	2383	Reste	2929

Dans le premier exemple, commençant par la droite, on dit : 5 ôté de 7 il reste 2, qu'on écrit au-dessous ; puis, passant aux dizaines, on dit : 2 de 4 reste 2 ; passant aux centaines, on dit : 2 de 7 reste 5, et l'on écrit également ces restes au-dessous.

Dans le second exemple, en commençant par les unités, on dit : 2 ôté de 5 reste 3 ; passant aux dizaines, comme on ne peut pas ôter 5 de 3, on ajoute au 3, 10 dizaines que l'on obtient en empruntant une centaine sur le chiffre des centaines. Ces dix dizaines avec les 3 que l'on a, font 13 ; on dira donc : 5 de 13 reste 8. Passant aux centaines, on compte le 7 pour une unité de moins ; on dira donc : 3 de 6 reste 3 : le chiffre 2 n'ayant pas d'inférieur, on écrit 2 au reste ; car c'est comme si le chiffre inférieur était un zéro ; or, zéro ôté de 2, il reste évidemment 2.

Dans le troisième exemple, comme on ne peut pas ôter 5 de 4, et que le chiffre sur lequel on doit faire l'emprunt et son suivant sont deux zéros, on emprunte un mille sur le 8 ; mais comme, pour que la soustraction soit rendue possible, il n'est pas nécessaire d'avoir 1000 unités, ce mille valant 10 centaines, on en laisse 9 sur le zéro qui est à la place des centaines ; il reste donc encore une centaine, qui vaut 10 dizaines ; on en laisse 9 sur le zéro qui est à la place des dizaines, et l'on n'en retient qu'une seule, qui vaut 10 unités, qui, ajoutées aux 4 unités du nombre, font 14. On dit donc : 5 de 14 reste 9 ; puis 7 de 9 reste 2 ; 0 de 9 reste 9 ; et le chiffre 8 ayant diminué de 1, on dit 5 de 7 reste 2.

On voit facilement par cet exemple, la raison pour laquelle, dans les cas analogues, on compte les zéros pour autant de 9.

On a commencé la soustraction par la droite, parce que, dans le cas où les chiffres inférieurs seraient plus grands que leurs correspondants, on serait dans la nécessité de revenir sur des restes déjà écrits, comme on peut s'en convaincre en essayant par la gauche.

Soustraction des nombres décimaux.

Pour faire la soustraction des nombres décimaux, *si le nombre des chiffres décimaux n'est pas le même dans les deux nombres, on complète celui qui en a le moins par autant de zéros qu'il est nécessaire pour qu'il y en ait autant dans chacun d'eux.* (Cette opération ne se fait ordinairement que par la pensée.) *Puis on fait la soustraction exactement comme celle des nombres entiers ; seulement on sépare sur la droite du résultat autant de chiffres décimaux qu'il y en a dans celui des nombres qui en contient le plus.*

EXEMPLES :

628,673	93,600
429,564	6,845
Reste 199,109	Reste 86,755

Pour faire la preuve de la soustraction, on ajoute *le reste ou différence au plus petit nombre; et si l'opération est bien faite, on doit retrouver le plus grand nombre, parce que ce reste ou différence est évidemment ce qui manque au plus petit pour égaler le plus grand.*

EXEMPLES :

65003	37,8054
7261	21,563
Différence 57742	Différence 16,2424
Preuve 65003	Preuve 37,8054

Multiplication des nombres entiers et des nombres décimaux.

14. La multiplication est une opération qui a pour but *de répéter un nombre, appelé multiplicande, autant de fois qu'il y a d'unités dans un autre appelé multiplicateur.* Le résultat de l'opération se nomme *produit.* Le multiplicande et le multiplicateur sont appelés *facteurs du produit.*

Il résulte de la définition de la multiplication,

qu'en multipliant, par exemple , 453 par 98 , c'est prendre 453, 98 fois, ce qui donne par conséquent un nombre 98 fois plus grand ; qu'en multipliant ce nombre par 1 , c'est le prendre seulement 1 fois , ce qui donne le nombre lui-même ; qu'en le multipliant par 0.1 , c'est n'en prendre que la dixième partie ; que le multiplier par 0.25, c'est en prendre 25 fois la centième partie.

D'où l'on peut conclure : 1.º *que lorsque le multiplicateur est moindre que l'unité, le produit sera moindre que le multiplicande ;* 2.º *que si ce multiplicateur est* 0 *, le produit sera* 0. Remarques que nous aurons à appliquer plus tard.

Il résulte aussi de la définition de la multiplication, *que cette opération peut s'effectuer par l'addition.* En effet, puisque multiplier 659 par 7 c'est prendre 659, 7 fois , on pourrait donc écrire 659, 7 fois au-dessous de lui-même, et le total serait aussi le produit.

15. On dit que multiplier un nombre par 2, c'est le doubler ou le rendre 2 fois plus grand ; par 3, le tripler ou le rendre 3 fois plus grand ; par 4, le quadrupler ou le rendre 4 fois plus grand ; par 5, le quintupler, etc...... ; par 10, le décupler ou le rendre 10 fois plus grand. Ainsi 12 est le triple de 4, parce que ce nombre est obtenu en multipliant 4 par 3.

La question qui conduit à la multiplication (ainsi que nous le verrons plus tard en appliquant cette opération) fait connaître seulement quelle est la quantité qu'il faut répéter plusieurs fois, c'est-à-dire quel est le *multiplicande ;* et quelle est la quantité qui marque combien de fois on doit le répéter, c'est-à-dire quel est le *multiplicateur.* Lorsqu'on se conforme à cette indication, le produit est toujours de même nature que le multiplicande ; mais comme il est indifférent de changer l'ordre des facteurs, c'est-à-dire de mettre le multiplicande à la place du multiplicateur, c'est l'énoncé de la question qui décide plus exactement de la nature du produit.

16. Nous venons d'avancer *que l'on peut changer l'ordre des facteurs d'une multiplication sans changer le produit*; mais il faut, comme toutes choses, pouvoir le démontrer. Soit pour cela le nombre 6 à multiplier par 8; je dis que l'on peut tout aussi bien multiplier 8 par 6, et que l'on aura néanmoins le même produit, ce qui s'exprime ainsi : $6 \times 8 = 8 \times 6$. (*Le signe* $\times$ *s'énonce : Multiplié par ; le signe* $=$ *s'énonce : Égale.*)

En effet, la multiplication de 6 par 8 consiste à répéter 8 fois 6 unités (14), et peut être représentée par un tableau de 6 unités placées sur une ligne horizontale et répétées 8 fois, comme au tableau suivant :

$$
\begin{array}{cccccc}
1 & 1 & 1 & 1 & 1 & 1 \\
1 & 1 & 1 & 1 & 1 & 1 \\
1 & 1 & 1 & 1 & 1 & 1 \\
1 & 1 & 1 & 1 & 1 & 1 \\
1 & 1 & 1 & 1 & 1 & 1 \\
1 & 1 & 1 & 1 & 1 & 1 \\
1 & 1 & 1 & 1 & 1 & 1 \\
1 & 1 & 1 & 1 & 1 & 1
\end{array}
$$

Considérant ce tableau dans le sens vertical (*celui de la hauteur*), on a bien 6 unités répétées 8 fois, c'est-à-dire 6×8; mais si on le considère dans le sens horizontal (*celui de la largeur*), il présentera une ligne de 8 unités répétées 6 fois, c'est-à-dire 8×6; mais que l'on compte verticalement ou horizontalement, le nombre d'unités ou le produit est le même : donc on peut conclure que $6 \times 8 = 8 \times 6$; c'est-à-dire, que pour une multiplication, on peut changer l'ordre des facteurs sans changer le produit.

Cette propriété existe encore, quelle que soit la quantité des facteurs; mais voyons d'abord pour

3 facteurs. Soient les facteurs $6 \times 8 \times 5$: comme pour trouver le produit il faut d'abord effectuer celui de 6 par 8, et que nous venons de démontrer qu'on peut en intervertir l'ordre, la question est donc de reconnaître si le dernier facteur 5 peut changer de place avec l'un des deux autres. Or, effectuant la multiplication des deux premiers facteurs, qui donne 48, le produit des 3 facteurs........... $6 \times 8 \times 5$
ou...................... $8 \times 6 \times 5$
peut être remplacé par les 2 facteurs.... 48×5
ou, en changeant l'ordre, par.......... 5×48
ou, mettant à la place de 48 les facteurs
qui l'ont produit, par............. $5 \times 8 \times 6$
ou par...................... $5 \times 6 \times 8$

Par un raisonnement analogue, on pourrait encore présenter d'autres combinaisons. On pourrait ainsi démontrer qu'on peut changer l'ordre d'un nombre de facteurs illimité, en réduisant toujours le raisonnement à celui pour deux facteurs.

Les multiplications des plus grands nombres entiers se réduisent à multiplier un nombre d'un seul chiffre par un nombre d'un seul chiffre. Il faut donc, avant de commencer à faire des multiplications, s'exercer à trouver sur le tableau suivant et à retenir de mémoire tous les produits des nombres d'un seul chiffre.

Table de multiplication, attribuée à Pythagore.

1	2	3	4	5	6	7	8	9
2	4	6	8	10	12	14	16	18
3	6	9	12	15	18	21	24	27
4	8	12	16	20	24	28	32	36
5	10	15	20	25	30	35	40	45
6	12	18	24	30	36	42	48	54
7	14	21	28	35	42	49	56	63
8	16	24	32	40	48	56	64	72
9	18	27	36	45	54	63	72	81

On voit que la première bande horizontale, ainsi que celle verticale à gauche, sont formées des neuf premiers nombres ; la seconde horizontale formée en ajoutant 2 à lui-même successivement ; la troisième horizontale en ajoutant 3 à lui-même successivement, et ainsi de suite.

Pour trouver, à l'aide de cette table, le produit de deux nombres d'un seul chiffre, on cherchera l'un de ces nombres dans la bande verticale à gauche, puis on suit les cases horizontalement jusqu'à ce qu'on soit au-dessous de l'autre nombre pris dans la première bande horizontale. Le nombre sur lequel on s'est arrêté, sera le produit. Ainsi, pour trouver le produit de 8 par 7 ou de 7 par 8 : partant du chiffre 8 dans la bande verticale à gauche, je suis horizontalement jusqu'au nombre 56 placé au-dessous du chiffre 7 dans la première bande horizontale : par conséquent, 8 fois 7 ou 7 fois 8 donnent 56.

Multiplication d'un nombre de plusieurs chiffres par un nombre d'un seul chiffre.

17. Pour multiplier un nombre de plusieurs chiffres par un nombre d'un seul, *placez le multiplicateur sous le multiplicande, et préférablement sous les unités; tirez un trait horizontal sous lequel on place le résultat; puis, commençant par le chiffre des unités, vous multipliez chaque chiffre du multiplicande par celui du multiplicateur, en ayant soin, lorsqu'un produit surpasse 9, de retenir les dizaines pour les porter au produit suivant, et de n'en poser que l'excédant. Arrivé au dernier produit à gauche, on le passe tel qu'on le trouve.*

EXEMPLE :

Multipliez	497	*Multiplicande,*
par	8	*Multiplicateur.*
	3976	*Produit.*

Suivant la règle qui vient d'être prescrite, je multiplie les unités par 8, en disant : 8 fois 7 font 56 ; je ne pose que les unités et je retiens les 5 dizaines pour les ajouter au produit suivant, qui est celui des dizaines. Passant au chiffre 9, qui est celui des dizaines, je dis : 8 fois 9 font 72 et les 5 unités font 77 dizaines, dans lesquelles il y a 7 dizaines que je pose et 7 centaines que je retiens pour ajouter au produit des centaines. Passant enfin au chiffre 4, qui est celui des centaines, je dis : 8 fois 4 font 32 et 7 de retenus font 39, que je pose en entier, puisqu'il n'y a plus de chiffres à multiplier.

Multiplication de deux nombres entiers de plusieurs chiffres.

Pour multiplier deux nombres de plusieurs chiffres , *placez le multiplicateur sous le multiplicande , et soulignez ; multipliez tout le multiplicande successivement par chaque chiffre du multiplicateur , en commençant par celui des unités, et en ayant soin d'avancer chaque produit d'un rang vers la gauche, afin que les dizaines soient sous les dizaines, les centaines sous les centaines , etc. ; soulignez ensuite tous ces produits , que l'on nomme produits partiels, et faites-en la somme, ce qui donne le produit total.*

EXEMPLE :

466
248

Produits partiels.
3728	*Produit du multiplicande par les unités.*
1864	Id. *par les dizaines.*
932	Id. *par les centaines.*
115568	*Produit total.*

Pour faire cette opération suivant la méthode qu'on vient d'indiquer, on multiplie le multiplicande 466 par les 8 unités, ainsi qu'il a été prescrit pour la multiplication par un seul chiffre; puis on le multiplie de la même manière par le chiffre 4 des dizaines, mais on pose le produit sous les dizaines, afin que, dans l'addition des produits partiels, les unités de même ordre se correspondent. On multiplie également tout le multiplicande par le chiffre 2 des centaines, et l'on avance encore ce produit d'un rang vers la gauche, afin que dans l'addition les centaines que donne ce produit se trouvent dans la colonne des centaines. Enfin on fait la somme de tous ces produits partiels , qui donne le produit total.

Quand il se trouve des zéros placés entre les chiffres significatifs du multiplicateur, comme la multiplication par des zéros ne donne que des zéros, on passe à la multiplication par le premier chiffre significatif qui vient après ; mais on a bien soin que le premier chiffre du produit soit au rang marqué par celui du chiffre du multiplicateur par lequel on multiplie, afin que dans l'addition les unités de même ordre se correspondent. On observe que le produit se trouvera exactement placé, si on l'avance vers la gauche d'autant de places, plus une, qu'il y a de zéros.

EXEMPLE :

$$\begin{array}{r} 9047 \\ 4008 \\ \hline 72376 \\ 36188 \\ \hline 36260376 \end{array}$$

Après avoir obtenu le produit par 8, on passe à la multiplication par le chiffre 4 ; mais comme ce chiffre représente des mille, il donnera évidemment des mille pour produit ; il faut donc placer ce produit sous les mille, ce qui se fait en l'avançant d'autant de places, plus une, qu'il y a de zéros entre les chiffres significatifs.

Pour expliquer la règle au moyen de laquelle on fait la multiplication des nombres qui ont des zéros à leur droite, il faut remarquer que multiplier un nombre par 10, 100, 1000, étant le rendre 10, 100 ou 1000 fois plus grand (15), il suffira, pour effectuer ces multiplications, de placer un zéro à la droite du nombre qu'il faut multiplier par 10, deux zéros à la droite de celui qu'il faut multiplier par 100, etc. Par exemple, si l'on a 864 à multiplier par 1000, il suffira de mettre 3 zéros à sa droite ; le produit sera donc 864000.

Cela posé, nous disons que pour faire la multiplication *lorsqu'un des facteurs ou tous deux ont des zéros à la droite, il faut faire abstraction des zéros, mais avoir soin d'en ajouter à la droite du produit total autant qu'il y en avait à la droite des deux facteurs à la fois, ou de celui qui seul en avait, afin de donner au produit sa véritable valeur.*

$$
\begin{array}{r}
\text{EXEMPLE :} \quad 9500 \\
170 \\
\hline
665 \\
95 \\
\hline
1615000
\end{array}
$$

Je multiplie seulement le nombre 95 par le nombre 17; mais à la droite du produit, et pour lui donner sa véritable valeur, j'écris les trois zéros qui se trouvent tant à la droite du multiplicande que du multiplicateur.

En effet, en supprimant les 2 zéros du multiplicande, je le rends 100 fois plus petit (10) ; je multiplie donc un nombre 100 fois trop petit, altération qui seule rendrait évidemment le produit 100 fois trop petit; mais en supprimant le zéro du multiplicateur, ce qui le rend 10 fois plus petit, je répète le multiplicande 10 fois moins de fois (*au lieu de 170 fois, 17 fois seulement*), changement qui seul rendrait le produit 10 fois plus petit; mais ayant répété 10 fois moins de fois un nombre 100 fois trop petit, le produit sera 10 fois 001, ou 1000 fois trop petit : donc, pour lui rendre sa valeur, il faut le rendre 1000 fois plus grand, en ajoutant trois zéros à sa droite (9) ; c'est-à-dire, autant qu'il y en avait à la droite des deux facteurs à la fois.

Multiplication des nombres décimaux.

Pour faire la multiplication des nombres décimaux, *qu'un des facteurs ou tous deux soient nombres décimaux et qu'ils aient ou non des parties en-*

tières , on fait l'opération comme pour deux nombres entiers, sans avoir égard à la virgule; mais on sépare par une virgule, sur la droite du produit total, autant de chiffres décimaux qu'il y en avait dans les deux facteurs à la fois.

EXEMPLES :

1.er	2.e	3.e	4.e
4,87	691	0,612	8,400
5,2	2,25	0,043	0,203
974	3455	1836	252
2435	1382	2448	168
25,324	1382	0,026316	1,7052
	1554,75		

Dans le premier exemple, en supprimant la virgule au multiplicande, je le rends 100 fois plus grand ; en supprimant celle du multiplicateur, je rends celui-ci 10 fois plus grand : je répète donc 10 fois trop un nombre 100 fois trop grand, le produit est donc 10 fois 100, ou mille fois trop grand : donc pour le rendre à sa juste valeur, c'est-à-dire 1000 fois plus petit, il faut séparer trois chiffres décimaux sur sa droite; c'est-à-dire, autant qu'il y en avait dans les deux facteurs à la fois.

On voit par le 3.e exemple, que lorsqu'il n'y a pas assez de chiffres au produit , on ajoute sur la gauche les zéros nécessaires , et on en met un à la place des unités.

Par le 4.e exemple, on remarque que lorsqu'il y a des zéros à la droite des décimales, on peut les supprimer sans que cela altère le produit , puisque cette suppression ne change pas la valeur du facteur (11). Par ce moyen, l'opération est simplifiée.

Puisque multiplier un nombre par 10, 100, etc., n'est autre chose que le rendre 10 , 100 fois plus grand, pour multiplier un nombre décimal par 10, 100, 1000, etc., il suffira d'avancer la virgule d'un , deux, etc., rangs vers la droite, en mettant des zéros, s'il n'y a pas assez de chiffres. Ainsi le nombre 34,653 serait multiplié par 100 en écrivant 3465,3. Le nombre 6,35 sera multiplié par 1000 en écrivant 6350.

De la division des nombres entiers et des nombres décimaux.

18. La division *est en général une opération par laquelle on cherche combien de fois un nombre appelé Dividende en contient un autre appelé Diviseur. Ce nombre de fois, qui est le résultat de l'opération, se nomme Quotient.*

La division est aussi une opération *ayant pour but de partager un nombre appelé dividende en autant de parties égales qu'il y a d'unités dans un autre nombre appelé diviseur.*

19. D'après cette dernière définition, diviser un nombre par 2, c'est le partager en deux parties égales, c'est-à-dire le rendre deux fois plus petit, ou en prendre la moitié; le diviser par 3, c'est le rendre 3 fois plus petit, ou en prendre le tiers; le diviser par 10, c'est le rendre 10 fois plus petit, ou en prendre le dixième.

L'espèce des unités du quotient est souvent différente de celle du dividende; elle n'est, du reste, déterminée que par l'énoncé de la question qui conduit à effectuer la division.

Division des nombres entiers.

Pour faire la division des nombres entiers, soit que le diviseur n'ait qu'un ou plusieurs chiffres, *écrivez le diviseur à la droite du dividende en les séparant par un trait vertical, soulignez le diviseur par un trait sous lequel vous poserez le quotient.*

Puis, prenez sur la gauche du dividende autant de chiffres qu'il en faut pour former un nombre qui contienne le diviseur, cherchez ensuite combien de fois cette partie séparée contient le diviseur, et écrivez ce nombre de fois à la place indiquée pour le quotient. Multipliez tout le diviseur par ce chiffre, retranchez le produit de la partie du dividende séparée, et écrivez le reste au-dessous. A la droite de ce reste, on abaisse le chiffre du dividende total qui suit la partie séparée; on forme ainsi un nombre que l'on appelle dividende partiel, sur lequel on opère comme sur la partie du dividende séparée, ce qui donne un second chiffre que l'on écrit au quotient à la droite de celui déjà obtenu. On continue ainsi de suite jusqu'à ce qu'on ait abaissé tous les chiffres du dividende total.

Lorsqu'un dividende partiel sera moindre que le diviseur et ne le contiendra par conséquent pas, on écrira un zéro au quotient, puis on abaissera le chiffre suivant du dividende. Si ce dividende partiel ne contenait pas encore le diviseur, on mettrait un autre zéro au quotient, et l'on abaisserait le chiffre suivant, et ainsi de suite jusqu'à ce que ce dividende partiel fût plus fort que le diviseur. (*Voir le 2.ᵉ exemple ci-dessous.*)

1.ᵉʳ EXEMPLE. — Soit à diviser 115568 par 466.

```
          Dividende.  1155.68 | 466 Diviseur.
                       932     | 248 Quotient.
Dividende partiel.     2236
                       1864
Dividende partiel.     3728
                       3728
                       0000
```

2.ᵉ EXEMPLE. — Soit à diviser 14568 par 24.

```
                    145.68 | 24
                    144    | 607 Quotient.
Dividende partiel.     168
                       168
                       000
```

Dans le premier exemple, je prends sur la gauche du dividende quatre chiffres, parce que les trois premiers forment un nombre qui ne contient pas celui que représentent les trois chiffres du diviseur. Je cherche combien de fois 1155 contient 466, ou, pour plus de simplicité, combien de fois 11 contient 4, en disant : En 11 combien de fois 4 ? il n'y est que 2 fois ; j'écris 2 au quotient, je multiplie le diviseur par ce chiffre, et je pose le produit sous la partie séparée à gauche du dividende ; puis je fais la soustraction, qui donne pour reste 223. A la droite de ce reste, j'abaisse le chiffre 6 du dividende total ; je cherche combien de fois le dividende partiel 2236 contient le diviseur, en disant : En 22 combien de fois 4 ? il y est 5 fois ; mais à cause des retenues provenant du produit par les chiffres du diviseur, le produit par 5 serait trop fort ; il faut donc essayer le chiffre 4, qu'on place à la droite de celui déjà écrit au quotient ; on multiplie le diviseur par ce chiffre 4, et l'on retranche le produit du dividende partiel : le reste est 372. A la droite de ce reste, j'abaisse le chiffre 8 du dividende ; je cherche combien de fois le nouveau dividende partiel contient le diviseur, en disant : En 37 combien de fois 4 ? il n'y est que 8 fois, à cause des retenues ; ayant écrit ce chiffre à la droite des autres chiffres écrits au quotient, on multiplie le diviseur par ce chiffre, et l'on retranche le produit du dividende partiel, ce qui donne 0 pour reste.

19.   Quand la division se termine de même, sans reste, c'est que le diviseur est contenu dans le dividende un nombre exact de fois marqué par le quotient ; ainsi, dans le premier exemple, le dividende contient le diviseur exactement 248 fois ; dans le 2.ᵉ exemple, il le contient 607 fois ; mais le plus souvent il y a un reste, alors le quotient n'est pas exactement un nombre entier.

La méthode que nous venons de suivre, et consistant à porter sous chaque dividende partiel le produit du diviseur par le chiffre du quotient, peut être considérablement abrégée en faisant la soustraction au fur et à mesure que l'on multiplie par chaque chiffre du diviseur, comme on va le voir dans l'exemple suivant :

On propose de diviser 27346 par 374.

$$\begin{array}{c|c} 27346 & 374 \\ \hline 1166 & 73 \\ 44 & \end{array}$$

Après avoir trouvé que la partie du dividende séparée contient le diviseur 7 fois, et avoir écrit ce chiffre au quotient, au lieu de porter sous 2734 le produit de 374 par 7, je multiplie 4 par 7, ce qui donne 28; mais comme je ne puis ôter 28 de 4, j'emprunte sur le chiffre suivant 3, 3 unités qui en valent 30 de celles du chiffre sur lequel on opère, et qui, ajoutées aux 4, donnent 34; desquelles ôtant le produit 28, il reste 6, que j'écris dessous. Pour tenir compte des 3 unités empruntées sur le chiffre 3, au lieu de le considérer diminué, j'ajoute ces 3 unités au produit par le chiffre suivant du diviseur, ce qui, en augmentant d'autant le produit à soustraire de ce chiffre, rétablit l'exactitude; ainsi, continuant la multiplication, je dis : 7 fois 7 font 49 et 3 font 52; comme 52 ne peut se retrancher de 3, j'emprunte 5 sur le 7, qui valent 50, et 3 font 53, desquels ôtant 52 il reste 1, que j'écris sous le 3. Continuant encore la multiplication, je dis : 7 fois 3 font 21 et les 5 d'emprunt font 26 ; ces 26 ôtés de 27, il reste 1, que j'écris sous le chiffre 7. A côté du reste 116 ayant abaissé le chiffre 6 du dividende total, j'opère sur le dividende partiel 1166 comme il est indiqué ci-dessus.

Observations à faire pendant le cours d'une division.

1.° On s'aperçoit naturellement qu'un chiffre écrit

au quotient est trop fort, *quand le produit du divi-seur par ce chiffre est plus fort que le dividende par-tiel, et ne peut par conséquent en être retranché.*

2.° On s'aperçoit, au contraire, qu'un chiffre est trop faible, *lorsque après avoir soustrait le produit du dividende partiel, le reste est plus fort que le diviseur, et le contient par conséquent encore.*

3.° Enfin, si le dividende partiel contenait le divi-seur plus de 9 fois, par exemple 10 ou 11 fois, *ce serait une preuve que le chiffre précédent du quo-tient est trop faible,* parce que la dizaine du quotient actuel ne peut appartenir qu'à ce précédent chiffre. Si donc l'on ne s'apercevait pas d'abord qu'un chiffre du quotient fût trop faible, on le reconnaîtrait au chiffre suivant, parce qu'on trouverait plus que 9.

20. Il est évident que si l'on rend le dividende 10, 100, 1000 *fois plus petit, comme il contiendra alors le diviseur 10, 100 ou 1000 fois moins de fois, le quotient qui marque ce nombre de fois, deviendra 10, 100 ou 1000 fois plus petit.*

EXEMPLE.

$$240 \,|\, 6$$
$$00 \,|\, \overline{40}$$

Rendant le dividende 10 fois plus

petit, on aura

$$24 \,|\, 6$$
$$0 \,|\, \overline{4}$$

quotient 10 fois plus petit que le précédent.

21. Il est pareillement évident que si l'on rend le diviseur un certain nombre de fois plus petit, *il sera contenu dans le dividende plus de fois, et que le quo-tient qui marque ce nombre de fois, deviendra le même nombre de fois plus grand.*

EXEMPLE.

$$81 \,|\, 9$$
$$0 \,|\, \overline{9}$$

Si l'on rend le diviseur 3 fois plus

petit, on aura

$$81 \,|\, 3$$
$$21 \,|\, \overline{27}$$
$$0$$

Quotient 3 fois plus fort que le précédent.

22. En conséquence des deux précédents paragraphes, on reconnaît : *Que si l'on rend le dividende et le diviseur le même nombre de fois plus petits, le quotient ne changera pas de valeur.*

EXEMPLE.

$$\begin{array}{c|c} 240 & 60 \\ \hline 00 & 4 \end{array}$$ Rendant les deux termes 10 fois plus

petits, $\quad\begin{array}{c|c} 24 & 6 \\ \hline 0 & 4 \end{array}$ *Quotient égal au précédent.*

23. Par induction, on conclut : 1.º Que le dividende étant rendu un certain nombre de fois plus grand, le quotient devient ce même nombre de fois plus grand. 2.º Que le diviseur étant rendu un certain nombre de fois plus grand, le quotient devient ce même nombre de fois plus petit. 3.º Que si les deux termes de la division sont rendus le même nombre de fois plus grands, le quotient ne change pas.

En vertu de l'avant-dernier paragraphe, lorsqu'on aura à effectuer la division de nombres terminés par des zéros, *on pourra abréger l'opération en supprimant à chacun autant de zéros qu'il y en a à la droite de celui qui en a le moins.*

EXEMPLE.

Ayant à diviser 14400000 par 24000, je supprime 3 zéros à la droite des deux nombres, et je divise 14400 par 24 :

$$\begin{array}{c|c} 14400 & 24 \\ \hline 0000 & 600 \end{array}$$ Quotient égal à celui auquel con-

duiraient les deux nombres donnés $\begin{array}{c|c} 14400000 & 24000 \\ \hline 0000000 & 600 \end{array}$

Les deux quotients sont égaux, parce que, si par la suppression de 3 zéros au dividende, le quotient est devenu 1000 fois plus petit (20), on l'a rendu en compensation 1000 fois plus grand par la suppression de 3 zéros au diviseur (21).

24. *Calculer où pousser un quotient qui n'est pas un nombre entier exact, à moins de 0,1 près par exemple, c'est pousser la division jusqu'aux dixièmes inclusivement ; le calculer à moins de 0,01 près, c'est pousser la division jusqu'aux centièmes inclusivement, etc.*

Soit, par exemple, à diviser 328 par 23, et à obtenir le quotient, qui ne peut être un nombre entier exact, à 0,01 près.

$$\begin{array}{c|c} 328 & 23 \\ 98 & \overline{14,26} \\ 60 & \\ 140 & \\ 2 & \end{array}$$

Ayant obtenu 14 entiers au quotient, et ayant 6 unités pour reste, je réduis d'abord ces 6 unités en dixièmes en les multipliant par 10, ce qui se fait en ajoutant un zéro à la droite : divisant ensuite ces 60 dixièmes par le diviseur, j'ai au quotient 2 dixièmes que je sépare des entiers par une virgule ; j'ai pour nouveau reste 14 dixièmes, que je réduis en centièmes en ajoutant un zéro à sa droite ; divisant ensuite les 140 centièmes par le diviseur, j'ai au quotient 6 centièmes : je conclus que le quotient à 0,01 près, c'est 14,26.

Il arrive assez souvent qu'en poussant la division soit à 0,1 ou à 0,01, etc. près, on trouve zéro pour reste, et par conséquent un quotient exact. Soit à diviser 679 par 28.

$$\begin{array}{c|c} 679 & 28 \\ 119 & \overline{24,25} \\ 70 & \\ 140 & \\ 00 & \end{array}$$

24 *bis.* *Si le dividende est plus petit que le diviseur, il n'y a pas d'entiers au quotient ; mettant donc un*

*zéro pour les remplacer, puis une virgule, on évalue
le quotient en décimales ainsi qu'il vient d'être dit, à*
l'avant-dernier paragraphe.

Soit à diviser 9 par 25.

$$\begin{array}{r|l} 90 & 25 \\ 150 & \overline{0,36} \\ 00 & \end{array}$$

Lorsqu'on convertit en décimales le reste d'une division, et que le quotient ne peut s'obtenir exactement, il peut arriver que l'on trouve au quotient un
chiffre ou un groupe de chiffres se reproduisant à
l'infini. *Cette fraction décimale prend alors le nom
de fraction décimale périodique simple: la période
est la partie qui se répète.* (Voir le 1.ᵉʳ et le 2.ᵉ exemple ci-dessous.)

Lorsque la période est séparée de la virgule par un
ou plusieurs chiffres, *elle se nomme fraction décimale
périodique mixte.* (Voir le 3.ᵉ exemple ci-dessous.)

1.ᵉʳ EXEMPLE.

Soit à diviser 2 par 9.

$$\begin{array}{r|l} 2 & 9 \\ 20 & \\ 20 & 0,22222\ldots \\ 20 & \\ 20 & \\ 20 & \\ \cdot & \\ \cdot & \\ \cdot & \end{array}$$

2.ᵉ EXEMPLE.

Soit à diviser 5 par 11.

$$\begin{array}{r|l} 5.0 & 11 \\ 60 & \\ 50 & 0,4545\ldots \\ 60 & \\ 50 & \\ \cdot & \\ \cdot & \\ \cdot & \end{array}$$

3.ᵉ Exemple.

Soit à diviser 5 par 9.

$$
\begin{array}{r|l}
5.0 & 9 \\
20 & \overline{0,41666\ldots} \\
80 & \\
80 & \\
8 & \\
\end{array}
$$

Il est évident que la période se reproduit à l'infini, dès que l'on trouve pour nouveau reste un reste déjà obtenu, par la raison que ce dernier reste produit un chiffre déjà au quotient, ce qui fait encore obtenir un reste semblable au reste qui suit celui qui s'est reproduit le premier.

Division des nombres décimaux.

25. La division des nombres décimaux peut présenter trois cas ; en effet, on peut avoir à diviser : 1.º Un nombre décimal par un nombre entier ; 2.º un nombre entier par un nombre décimal ; 3.º deux nombres décimaux l'un par l'autre ; mais on peut généraliser la méthode en les réduisant à un seul cas, comme suit : *On commence par compléter le nombre des chiffres décimaux, en mettant des zéros à la droite de celui qui en a le moins ; puis, faisant abstraction de la virgule, on effectue la division comme pour des nombres entiers, et il n'y a rien à changer au quotient,* parce que, ni les zéros placés à la droite d'un nombre décimal (11), ni la suppression de la virgule dans les deux nombres à la fois, ne changent la valeur du quotient (23).

EXEMPLE DU 1.ᵉʳ CAS.

Soit à diviser le nombre décimal 643,96 par 28.

$$
\begin{array}{c|l}
643,96 & 2800 \\
8396 & \overline{22,99} \\
27960 & \\
27600 & \\
2400 & \\
\end{array}
$$

Le diviseur n'ayant pas de chiffres décimaux, et le dividende en ayant deux , je mets deux zéros au diviseur ; faisant ensuite abstraction de la virgule et effectuant la division, on obtient pour quotient 22, en nombre entier, et, en poussant en décimales à moins de 0,01 près, on trouve 22,99.

EXEMPLE DU 2.ᵉ CAS.

Soit à diviser le nombre entier 126 par le nombre décimal 7,653.

$$
\begin{array}{c|l}
126000 & 7,653 \\
49470 & \overline{16,464} \\
35520 & \\
49080 & \\
31620 & \\
1008 & \\
\end{array}
$$

Agissant comme dans l'exemple précédent, on a pour quotient, à 0,001 près, le nombre 16,464.

EXEMPLE DU 3.ᵉ CAS.

Soit à diviser le nombre décimal 84,2 par le nombre décimal 3,65.

$$
\begin{array}{c|l}
84,20 & 3,65 \\
1120 & \overline{23,06} \\
2500 & \\
310 & \\
\end{array}
$$

Mettant un zéro à la droite du dividende, qui n'a

qu'un seul chiffre décimal , et opérant comme pour les deux précédents cas , on obtient pour quotient 23,06 à 0,01 près.

Le premier cas , celui d'un nombre décimal par un nombre entier, peut s'effectuer d'une manière plus abrégée : sans mettre de zéros au diviseur, on fait la division en faisant abstraction de la virgule du dividende , mais il faut séparer sur la droite du quotient autant de chiffres décimaux qu'il y en a au dividende.

EXEMPLE.

$$\begin{array}{r|l} 72,243 & 528 \\ 1944 & \overline{0,136} \\ 3603 & \\ 435 & \end{array}$$

On conçoit que par la suppression de la virgule on a rendu le dividende 1000 fois plus grand , ce qui rend le quotient 1000 fois trop fort (23); il faut donc, pour le rendre à sa juste valeur (1000 fois plus petit), prendre trois chiffres décimaux sur sa droite, c'est-à-dire, autant qu'il y en avait au dividende.

Dans le précédent exemple , le nombre de chiffres du quotient étant insuffisant, on a mis un zéro pour tenir la place des unités.

Remarques utiles sur la division.

26.   D'après la seconde définition que nous avons donnée de la division (18) , diviser un nombre par 10 c'est le rendre 10 fois plus petit : en conséquence, pour diviser un nombre entier par 10, 100, 1000, etc., lorsqu'il y aura des zéros à sa droite, il suffira d'en retrancher un , deux , trois, etc.; et lorsqu'il ne sera pas suivi de zéros , il suffira de séparer un , deux ou trois chiffres décimaux par une virgule ; enfin , si c'était un nombre décimal, il suffirait d'avancer la virgule d'un , deux ou trois rangs vers la gauche.

On peut abréger la division lorsque l'on a à diviser par de très-petits nombres : c'est ainsi que pour diviser par 2, *sans poser la division sous la forme ordinaire, il suffit, en commençant par la gauche, de prendre la moitié de chaque chiffre,* en ayant soin de reporter l'excédant sur le chiffre suivant.

Soit à diviser par cette méthode $\underline{65416}$ par 2.

$$32708$$

Nous dirons simplement, en posant sous le nombre à diviser, la moitié de 6 est de 3 ; la moitié de 5 est de 2 pour 4, reste 1 qui vaut 10, et 4 font 14 ; la moitié de 14 est de 7 ; la moitié de 1 n'est pas, je pose 0 et je retiens 1 qui vaut 10, et 6 font 16 ; la moitié de 16 est de 8. Le quotient sera donc 32708.

Soit encore à diviser $\underline{8932}$ par 5.

$$1786,4$$

Nous dirons : le 5.ᵉ de 8 est de 1 pour 5, restent 3 qui valent 30, et 9 font 39 ; le 5.ᵉ de 39 est de 7 pour 35, restent 4 qui valent 40, et 3 font 43 ; le 5.ᵉ de 43 est de 8 pour 40, restent 3 qui valent 30, et 2 font 32 ; le 5.ᵉ de 32 est de 6 pour 30, restent 2 unités qui valent 20 dixièmes, dont le 5.ᵉ est de 4 exactement.

27. *On dit qu'un nombre est divisible par un autre ou est multiple de cet autre, quand la division se fait sans reste.* Le second nombre est dans ce cas appelé *sous-multiple* du premier. Ainsi 24 est divisible par 6 ou multiple de 6, parce que la division donne exactement 4 pour quotient. Le nombre 6 est dit sous-multiple de 24.

28. Un nombre est dit *premier*, lorsqu'il n'est divisible exactement que par lui-même ou par l'unité.

Il sera donc facile de reconnaître les plus petits nombres premiers, ce sont : 1, 2, 3, 5, 7, 11, 13, 17, etc., et ceux qui ne le sont pas : 4, 6, 8, 9, 10, 12, etc.

29. Deux nombres qui n'ont d'autre diviseur commun que l'unité, sont dits *premiers entre eux* : ainsi

4 et 15 sont premiers entre eux ; car 2, qui est diviseur de 4, ne l'est pas de 15 ; 5 et 3, qui sont diviseurs de 15, ne le sont pas de 4. 6 et 9 ne sont pas premiers entre eux, car ils ont 3 pour diviseur commun.

Terminons enfin la division par des remarques très-utiles sur la divisibilité des nombres par les plus petits nombres premiers :

Un nombre est divisible par 2, quand il est terminé par un des chiffres pairs 0, 2, 4, 6, 8. Ainsi 844 est divisible par 2 : en effet, ce nombre peut être décomposé en 840 dizaines et 4 unités ; or, les dizaines sont toujours divisibles par 2 ; donc la divisibilité du nombre ne dépend plus que du dernier chiffre, qui, étant pair, est aussi divisible par 2.

Un nombre est divisible par 3, lorsque la somme de ses chiffres est 3 ou un multiple de 3. Ainsi le nombre 2436 sera divisible par 3, parce que la somme de ses chiffres donne le nombre 15, qui est un multiple de 3. En effet, ce nombre peut être décomposé :

$$
\begin{aligned}
\text{en } 2000 &\quad\Big\| \quad \text{ou en } (999 \times 2) + 2 \\
400 &\quad\Big\| \qquad\quad (99 \times 4) + 4 \\
30 &\quad\Big\| \qquad\qquad (9 \times 3) + 3 \\
\text{et } 6 &\quad\Big\| \qquad\qquad\qquad\quad + 6
\end{aligned}
$$

Or, les quantités (999×2), (99×4) et (9×3), sont évidemment des multiples de 3 ; donc le nombre lui-même est divisible par 3, puisque la somme des autres parties 2, 4, 3, 6, qui sont les chiffres du nombre, est 15, nombre également divisible par 3.

Un nombre est divisible par 5, *quand il se termine par 0 ou 5.* Ainsi 850 et 945 sont divisibles par 5. En effet, le premier des nombres est composé seulement de 85 dizaines ; or, des dizaines sont évidemment divisibles par 5. Le second peut se décomposer en deux parties, 94 dizaines et 5 unités : or, les dizaines sont divisibles par 5, et la seconde partie n'est autre que le chiffre 5 ; donc le nombre lui-même est divisible par 5.

A l'égard de la recherche de la divisibilité par les autres nombres premiers, on a aussitôt fait d'essayer la division : nous bornerons donc nos observations de cette nature aux seuls nombres premiers sus-indiqués.

Preuve de la multiplication des nombres entiers et des nombres décimaux.

29 *bis.* D'après la définition de la multiplication, (14) le produit contient le multiplicande autant de fois qu'il y a d'unités dans le multiplicateur; mais, comme on peut changer l'ordre des facteurs, on dit plus généralement : *Que le produit contient l'un des facteurs autant de fois qu'il y a d'unités dans l'autre. Donc; si l'on divise le produit par l'un des facteurs, si l'opération est bien faite on devra retrouver l'autre facteur pour quotient exact.*

EXEMPLE.

Ayant trouvé qu'en multipliant 466 par 248, on a pour produit 115568, pour faire la preuve de cette multiplication, on divisera le produit par 466, l'un des facteurs, l'on doit trouver et l'on trouve pour quotient exact l'autre facteur 248, et 0 pour reste.

$$\begin{array}{r|l} 115568 & 466 \\ \cline{2-2} 2236 & 248 \\ 3728 & \\ ..0 & \end{array}$$

AUTRE EXEMPLE.

Ayant trouvé qu'en multipliant 8,4 par 0,203, on a pour produit 1,7052 ; pour faire la preuve, on divise ce produit par 0,203, et l'on trouve pour quotient exact 8,4.

$$\begin{array}{r|l} 1,7052 & 0,2030 \\ \cline{2-2} 8120 & 8,4 \\ 0000 & \end{array}$$

Preuve de la division des nombres entiers et des nombres décimaux.

La définition de la division nous fournit également le moyen d'en faire la preuve (18). En effet, puisque le quotient est le nombre de fois que le diviseur est contenu dans le dividende, si l'on répète le diviseur ce nombre de fois, c'est-à-dire *si l'on multiplie le diviseur par le quotient, on devra retrouver le dividende pour produit exact, si la division s'est faite sans reste ; s'il y a eu un reste, on l'ajoute à ce produit, et l'on devra aussi retrouver le dividende.*

EXEMPLE.

Si en divisant 844880 par 2864 on trouve pour quotient exact en nombre entier 295, et par conséquent zéro pour reste, pour faire la preuve de cette division, il suffira de multiplier le diviseur 2864 par le quotient 295 ; on devra retrouver et l'on retrouve pour produit le dividende.

$$
\begin{array}{r}
2864 \\
295 \\
\hline
14320 \\
25776 \\
5728 \\
\hline
844880
\end{array}
$$

AUTRE EXEMPLE.

Ayant trouvé que 21246 divisé par 374 a donné pour quotient 56 et 302 pour reste ; pour faire la preuve, je multiplie le diviseur 374 par le quotient 56, ce qui donne pour produit 20944, auquel ajoutant le reste 302, je retrouve en effet le dividende 21246.

$$374$$
$$56$$
$$\overline{}$$
$$2244$$
$$1870$$
$$\overline{}$$
$$20944$$
$$302$$
$$\overline{}$$
$$21246$$

Autre exemple.

Ayant trouvé que 84,2 divisé par 3,65 donne pour quotient 23,06 à 0,01 près, et 310 pour reste ; pour faire la preuve, je multiplie le diviseur 3,65 par le quotient 23,06, puis au produit 84,1690 j'ajoute le reste 310, qui, étant des centièmes, doit se poser pour l'addition sous les centièmes. Cette addition effectuée, je retrouve bien pour total le dividende employé.

OPÉRATION.   PREUVE.

$$
\begin{array}{c|c}
84,20 & 3,65 \\
1120 & \overline{23,06} \\
2500 & \\
310 & \\
\end{array}
$$

$$
\begin{array}{r}
3,65 \\
23,06 \\
\hline
2190 \\
1095 \\
730 \\
\hline
84,1690 \\
310 \\
\hline
84,8000 \\
\end{array}
$$

Problèmes sur l'addition.

On appelle problème une question à résoudre. La solution des problèmes qui se rapportent aux quatre opérations fondamentales de l'arithmétique, sera toujours facile, si l'on s'en rappelle les définitions.

L'addition étant une opération dont le but est *de réunir plusieurs nombres de même nature en un seul qu'on appelle somme ou total*, à chaque fois qu'à la lecture d'un problème on reconnaîtra qu'il consiste à faire un total, un tout, une somme, ce sera donc une addition qu'il faudra effectuer.

EXEMPLES.

Combien y a-t-il d'élèves dans une classe composée de 4 divisions, si la 1.re division contient 34 élèves ; la 2.e, 29 ; la 3.e, 33 ; et la 4.e, 26.

Un chef d'atelier doit payer à la fin du mois les trois sommes suivantes : pour une livraison de fer, 1523^f,75 ; pour la solde de ses ouvriers, 945^f,50^c ; pour son loyer, 385^f, 00 ; quelle somme doit-il payer en tout ?

Un travail quelconque a coûté 675^f,75^c ; combien faut-il le revendre pour avoir un bénéfice de 120^f, 00 ?

Un ouvrier a dépensé dans l'année : pour sa nourriture, son logement, blanchissage et raccommodage, 450^f,60 ; pour ses habillements, 52^f, 00 ; pour menues dépenses, 30^f, 50 ; pour ses plaisirs, 52^f, 00 ; il désire savoir combien il a dépensé en tout ?

Un marchand de bois a vendu : 38st,25^c pour 528^f,80^c ; 62st, 43^c pour 977^f, 50^c, et 27st, 33^c pour 410^f, 50^c ; combien a-t-il vendu de stères en tout, et quelle somme a-t-il reçue en tout ?

Problèmes sur la soustraction.

La soustraction étant une opération par laquelle *on retranche un nombre d'un autre nombre, pour connaître le reste, la différence, etc.*, lorsqu'un problème consistera à trouver ce qui peut rester d'un nombre quand on en aura retranché un autre, ou à connaître la différence entre deux nombres, ce sera donc une soustraction qu'il faudra effectuer.

EXEMPLES.

Un particulier devait la somme de 482^f,75, il a payé 351^f, 25^c ; combien doit-il encore ?

Quelle est la différence du poids de deux pièces de fonte, dont l'une pèse 455 ᵏ, 552 ᵍ et l'autre 312ᵏ, 012 ᵍ ?

J'ai à la caisse d'épargne 355 ᶠ, 25 ᶜ ; combien faudrait-il que j'y misse encore pour avoir 500 ᶠ,00 ?

Un menuisier avait à faire 244 ᵐ,50 de plinthes, il en a fait 199 ᵐ,25 ; combien lui en reste-t-il à faire ?

Un hôtel revient, tous frais compris, à l'entrepreneur qui l'a construit, à 120644 ᶠ, 50 ᶜ , il l'a revendu 127228 ᶠ, 00 ; quel a été son bénéfice ?

Un mécanicien pour le prix d'une machine devait recevoir 12750 ᶠ,00; mais elle ne lui a été payée que 12460 ᶠ, 00 , parce qu'elle ne confectionne pas convenablement ; combien a-t-il perdu ?

Problèmes sur la multiplication.

Nous avons dit que la multiplication est une opération ayant pour but de *répéter un nombre autant de fois qu'il y a d'unités dans un autre.*

Elle sert aussi, entre autres usages : 1.º *A trouver la valeur de plusieurs choses, lorsqu'on connaît la valeur d'une seule ;* 2.º *à convertir des unités d'une certaine espèce en unités d'une plus petite espèce.* Connaissant bien ces divers usages de la multiplication, à la lecture de l'énoncé d'un problème on s'apercevra assez facilement lorsqu'on devra employer cette opération.

Exemples.

Combien devra-t-on payer pour 53 ᵐ, 60 ᶜ carrés de portes, si le mètre est payé 7 ᶠ,50 ᶜ?

On demande combien il y a de jours dans 1845 années, en supposant chacune composée de 365 jours ?

On veut donner 0 ᶠ, 50 ᶜ de gratification à chaque élève d'une classe composée de 87 élèves ; quelle somme faudra-t-il dépenser ?

Un ouvrier a travaillé 25 jours pendant le mois ; s'il est payé à raison de 3 f, 75 ᶜ, combien devra-t-il recevoir ?

Un chef d'atelier emploie 33 ouvriers qui gagnent moyennement 3 ᶠ, 25 ᶜ par jour ; quelle somme lui faudra-t-il payer après 14 jours de travail ?

Supposant qu'un homme respire 20 fois par minute, combien respire-t-il de fois dans une année de 365 jours ; sachant que l'heure est composée de 60 minutes et le jour de 24 heures ?

Problèmes sur la division.

Nous avons dit que la division est une opération ayant pour but de *chercher combien de fois un nombre en contient un autre; ou de partager un nombre en autant de parties égales qu'il y a d'unités dans un autre.*

Entre autres usages, la division peut encore servir : 1.º *A trouver le prix d'une unité, connaissant le prix de plusieurs autres ; 2.º à convertir des unités d'une certaine espèce en unités d'une espèce supérieure.*

Guidé par la connaissance de ces divers usages, on apercevra bientôt assez facilement lorsqu'il faudra appliquer la division aux problèmes qui seront proposés.

Exemples.

Un voyageur a parcouru 1160 kilomètres en 29 jours ; combien faisait-il de kilomètres par jour ?

Si 24 ᵐ,50 de maçonnerie ont coûté 192 ᶠ, 75, à combien est le prix du mètre ?

Un ouvrier avait 220 ᶠ, 00 d'économie ; mais, devenu prodigue, il prend 1 ᶠ, 50 par jour sur cette somme ; on demande en combien de temps il l'aura dépensée ?

Un ouvrier a reçu 55 ᶠ, 40 ᶜ pour un travail qu'il a

exécuté en 15 jours de 10 heures de travail ; on demande combien il a gagné par heure?

Combien y a-t-il d'heures et de jours dans 12249 minutes ; sachant que l'heure vaut 60 minutes et le jour 24 heures ?

Quel est le nombre qui, multiplié par 528, donnerait pour produit 76,032?

Problèmes sur les 4 premières règles.

Quelle est la somme qui, partagée également entre 13 personnes, donnerait à chacune 3^f, 75 ?

Un chef d'atelier qui devait recevoir en 3 paiements 8834^f, 50^c, a reçu pour premier paiement 4245^f, 25 ; pour 2.^{c} paiement, 2318^f, 50^c. On demande quel sera le 3.^{c} paiement.

Un ouvrier fume par jour pour 0^f, 125^m de tabac et boit pour 0^f, 10^c d'eau-de-vie ; on demande combien il économiserait dans 20 années, s'il renonçait à ces habitudes inutiles et contraires à la santé ?

On veut partager 828^f, 00 entre 24 personnes, mais on désire que 12 d'entre elles reçoivent 5^f, 00 de plus que les autres ; quelle sera la part de chacune ?

Fractions ordinaires.

Pour évaluer les quantités moindres que l'unité, on peut se dispenser de la partager en parties de dix en dix fois plus petites, *dites décimales ;* on peut partager l'unité en un nombre quelconque de parties égales, *une ou plusieurs de ces parties sera toujours nommée fraction* (3).

Une fraction ordinaire s'écrit par deux nombres *l'un sous l'autre et séparés par un trait horizontal.*
30.   Celui de dessus, nommé *numérateur*, marque combien on a pris de parties de l'unité ; celui de dessous, nommé *dénominateur*, marque en combien de parties égales l'unité a été divisée?

Ainsi, pour indiquer qu'on a pris 3 parties d'une pomme qui a été partagée en 7 parties, l'on écrira $\frac{3}{7}$. Le nombre 3, qui indique combien on a pris de parties, est le numérateur. Le nombre 7, qui indique en combien de parties l'on a partagé la pomme, et conséquemment la grandeur de ces parties, est le dénominateur.

Le numérateur et le dénominateur sont aussi nommés les *deux termes* de la fraction.

Pour énoncer une fraction, on énonce d'abord le *numérateur, puis le dénominateur, comme deux nombres entiers, mais on ajoute au dernier la terminaison* ième. Ainsi, pour la fraction ci-dessus, on énoncera *trois septièmes.*

Il n'y a exception à cette manière de lire une fraction que pour celles dont le dénominateur est 2, 3 ou 4, que l'on prononce *demi, tiers* et *quart.*

31. Une fraction *est rendue* 2, 3, 4, *etc. fois plus grande, quand on multiplie son numérateur par un des nombres* 2, 3, 4, *etc.*

Ainsi, si l'on multiplie le numérateur de la fraction $\frac{4}{6}$ par 3, la nouvelle fraction $\frac{12}{6}$ sera 3 fois plus grande que la première, par la raison que le nouveau numérateur étant 3 fois plus grand, marque que l'on a pris 3 fois plus de parties (30) de même grandeur, puisque le dénominateur n'a pas changé.

Une fraction est au contraire rendue 2, 3, 4, *etc. fois plus petite, si l'on multiplie son dénominateur par* 2, 3, 4, *etc.*

Ainsi, si l'on multiplie le dénominateur de cette même fraction $\frac{4}{6}$ par 3, la nouvelle fraction $\frac{4}{18}$ est 3 fois plus petite que la première, par la raison que le nouveau dénominateur étant 3 fois plus grand, marque que l'unité a été divisée en 3 fois plus de parties (30), ce qui donne des parties 3 fois plus petites. Or, le numérateur ne changeant pas, on n'en a pris que le même nombre; donc la fraction est rendue 3 fois plus petite.

32. D'après ce qui vient d'être démontré, on voit facilement que *si l'on multiplie les deux termes d'une fraction par un même nombre, elle ne changera pas de valeur.*

Soit toujours cette même fraction $\frac{4}{6}$: si l'on multiplie ses deux termes par 3, la nouvelle fraction $\frac{12}{18}$ est égale à la première ; car, en multipliant son numérateur par 3, on l'a rendue 3 fois plus grande ; mais, en multipliant son dénominateur par 3, on l'a rendue 3 fois plus petite ; donc elle est ramenée à sa première valeur.

Par induction des trois paragraphes précédents, on conclurait facilement aussi :

33. 1.º *Qu'une fraction devient plus petite, si l'on divise son numérateur.*

2.º *Qu'une fraction devient plus grande, si l'on divise son dénominateur.*

3.º *Qu'une fraction ne change pas de valeur, si l'on divise ses deux termes par un même nombre.* Ce dernier principe est d'une fréquente application.

Remarquons, sans nous y arrêter longuement :

1.º *Qu'une fraction devient plus grande, quand on ajoute un même nombre à ses deux termes.*

2.º *Qu'une fraction devient plus petite, lorsqu'on retranche un même nombre à ses deux termes.*

En effet, si nous ajoutons le nombre 3 aux deux termes de la fraction $\frac{7}{9}$, on aura $\frac{10}{12}$; cette dernière fraction est évidemment plus grande, puisque, pour être égale à une unité, il ne lui manque que $\frac{2}{12}$, tandis qu'à la première il manque $\frac{2}{9}$.

Si au contraire on retranche un même nombre 5, aux deux termes de notre fraction $\frac{7}{9}$, elle devient $\frac{2}{4}$; or, cette dernière fraction est plus petite, puisque, pour être égale à l'unité, il lui manque $\frac{2}{4}$, et qu'à la première il ne manque que $\frac{2}{9}$.

Réduction des fractions à leur plus simple expression.

34. *Réduire une fraction à sa plus simple expression*, c'est la *réduire aux plus petits termes possible*. Pour parvenir à ce but d'une manière simple et presque toujours usitée, *il suffit de diviser les deux termes de la fraction, successivement par tous les nombres premiers qui peuvent les diviser exactement tous deux à la fois, en commençant par le plus petit nombre premier, qui est* 2.

Proposons, par exemple, de réduire la fraction $\frac{504}{1260}$.

Les deux termes de cette fraction étant divisibles par le nombre premier 2, j'effectue cette division : j'ai $\frac{253}{630}$, dont je divise encore les deux termes par 2, ce qui me donne $\frac{126}{315}$; les deux termes n'étant plus divisibles par 2, mais par 3, j'effectue la division par 3, ce qui me donne $\frac{42}{105}$, dont je puis encore diviser les deux termes par 3, ce qui me donne $\frac{14}{35}$; les deux termes ne sont plus divisibles par 3 et ne sont pas divisibles par le nombre premier suivant, qui est 5, mais ils sont divisibles par 7 : effectuant donc cette division, on aura $\frac{2}{5}$ pour la plus simple expression de la fraction donnée; laquelle fraction $\frac{2}{5}$ est égale à la première, car on n'a fait que diviser successivement les deux termes à la fois par les mêmes nombres (33).

Lorsque le numérateur et le dénominateur sont premiers entre eux, *la fraction est dite irréductible*. Ainsi la fraction $\frac{23}{25}$ est irréductible, parce qu'il n'existe aucun nombre qui puisse en diviser les deux termes à la fois.

Des entiers considérés sous la forme de fractions.

Les opérations qu'on fait sur les fractions conduisent souvent à des résultats dont le numérateur est plus grand que le dénominateur. Ce ne sont pas alors des fractions proprement dites, ce sont des *expressions ou nombres fractionnaires* (4). En effet, dès que le numérateur d'une fraction est égal au dénominateur, comme dans la fraction $\frac{5}{5}$, la fraction est égale à l'unité ; par conséquent, si ce numérateur est plus grand, comme dans $\frac{23}{5}$, il y a évidemment une ou plusieurs unités et des parties d'unité ; donc, dans ce cas, c'est réellement une expression fractionnaire.

35. Pour extraire les entiers contenus dans une expression fractionnaire, *il faut diviser le numérateur par le dénominateur ; le quotient donne les entiers, et le reste devient le numérateur de la fraction qui les accompagne, laquelle fraction aura pour dénominateur le diviseur.* En effet, dans l'expression $\frac{35}{4}$, le dénominateur indique que l'unité a été partagée en 4 parties, et le numérateur indique que l'on a pris 35 parties (30) ; conséquemment, autant de fois 4 sera contenu dans 35, autant il y aura d'unités entières. Donc il faut en effet diviser 35 par 4, ce qui donne au quotient 8 entiers ; il reste 3 parties, lesquelles sont des quarts : donc $\frac{35}{4} = 8 + \frac{3}{4}$ (*Le signe $+$ s'énonce : plus.*)

36. On est souvent conduit à faire l'opération inverse, c'est-à-dire à convertir des entiers en nombres fractionnaires : pour y parvenir, *lorsqu'il n'y a point de fraction jointe aux entiers, on multiplie le dénominateur de la fraction par les entiers, et l'on donne au produit le même dénominateur.*

Par exemple, si l'on veut convertir 9 entiers en septièmes, on multipliera 7 par 9, et l'on donnera au produit le dénominateur 7. On aura donc $\frac{63}{7}$. En effet, quand on se propose de convertir en septièmes, on regarde l'unité comme contenant 7 parties ; donc les 9 unités en contiendront 9 fois plus, c'est-à-dire 63 : ainsi 9 entiers $= \frac{63}{7}$.

37. Lorsqu'aux entiers il est joint une fraction , et que l'on veut réduire le tout en une seule expression

fractionnaire, *on multiplie également les entiers par le dénominateur, puis on ajoute au produit le numérateur, et l'on donne à la somme pour dénominateur celui de la fraction.* C'est ainsi que la quantité $8 + \frac{5}{7}$, réduite en une expression fractionnaire, devient $\frac{61}{7}$.

L'opération d'extraction des entiers et celle de réduction d'entiers, peuvent se servir de preuves mutuellement.

Autre manière de considérer une fraction.

L'idée que nous avons donnée d'une fraction, n'est pas la seule que l'on puisse concevoir.

38. On peut encore considérer une fraction *comme le quotient d'une division à effectuer, dont le numérateur est le dividende, et le dénominateur le diviseur.* En effet, diviser, par exemple, 7 par 9, c'est prendre la 9.me partie de 7 (19). Or, la 9.me partie d'une unité, c'est $\frac{1}{9}$; donc celle de 7 unités sera $\frac{7}{9}$: le dividende 7 est ici au numérateur, et le diviseur 9 au dénominateur.

39. Il suit de cette manière de considérer une fraction :

1.° *Que pour convertir une fraction ordinaire en fraction décimale, il suffit de diviser le numérateur par le dénominateur,* en suivant la règle établie (24 *bis*). C'est ainsi qu'on trouverait que la fraction $\frac{7}{9}$ évaluée en décimales à 0,01 près, revient à 0,77, et que la fraction $\frac{5}{8}$ est égale à 0,625.

2.° *Qu'un entier peut toujours être mis sous la forme d'une fraction, dont il serait le numérateur, et dont le dénominateur serait l'unité.* Ainsi 6 entiers ou $\frac{6}{1}$ sont la même chose. En effet, si, pour avoir la certitude de cette même valeur, on extrait les entiers contenus dans les expressions fractionnaires $\frac{6}{1}$, on retrouve évidemment pour résultat 6 entiers.

3.º *Que pour convertir une fraction décimale en fraction ordinaire, il suffit de prendre la partie décimale pour numérateur, et de lui donner pour dénominateur l'unité suivie d'autant de zéros qu'il y a de chiffres décimaux.*

C'est ainsi que 0,32 peuvent s'écrire $\frac{32}{100}$. Si pour preuve on réduisait la fraction $\frac{32}{100}$ en fraction décimale, on retrouverait 0,32.

Réduction des fractions au même dénominateur.

40. Soit, d'abord, seulement à réduire deux fractions au même dénominateur. Pour parvenir à ce but, *il faut multiplier les deux termes de chaque fraction par le dénominateur de l'autre.*

Par exemple, pour réduire à un même dénominateur les deux fractions $\frac{2}{3}$ et $\frac{3}{4}$, je multiplie les deux termes de $\frac{2}{3}$ par le dénominateur 4 de l'autre fraction, ce qui donne pour nouvelle fraction $\frac{8}{12}$; je multiplie également les deux termes de $\frac{3}{4}$ par 3, dénominateur de l'autre fraction, ce qui donne $\frac{9}{12}$: de manière que les fractions données $\frac{2}{3}$ et $\frac{3}{4}$ sont remplacées par $\frac{8}{12}$ et $\frac{9}{12}$, fractions qui ont évidemment la même valeur que les premières, puisqu'on *n'a fait que multiplier les deux termes de chacune par un même nombre.*

Les dénominateurs deviennent les mêmes, *par la raison qu'ils sont chacun le résultat de la multiplication des deux dénominateurs primitifs* 3 et 4.

Dans la pratique, on peut disposer les fractions données et les nouvelles, comme ci-dessous :

$$\frac{2}{3} \qquad \frac{3}{4}$$
$$\overline{}$$
$$\frac{8}{12} \qquad \frac{9}{12}$$

41. Soit actuellement à réduire un nombre quelconque de fractions au même dénominateur : *on multipliera les deux termes de chacune par le produit des dénominateurs de toutes les autres.*

Par exemple, pour réduire à un même dénominateur les quatre fractions $\frac{2}{3}$, $\frac{4}{5}$, $\frac{3}{4}$, $\frac{5}{7}$, je multiplie les deux termes de la première fraction $\frac{2}{3}$ par le produit de 5, 4, 7, dénominateurs des autres fractions, qui est 140; ce qui donne une nouvelle fraction, $\frac{280}{420}$. Je multiplie pareillement les deux termes de la seconde $\frac{4}{5}$ par le produit de 3, 4 et 7, qui est 84; ce qui donne pour nouvelle fraction $\frac{336}{420}$. Passant à la 3.ᵉ fraction $\frac{3}{4}$, je multiplie les deux termes par le produit de 3, 5 et 7, qui est 105; ce qui donne pour nouvelle fraction $\frac{315}{420}$. Enfin, pour la dernière fraction $\frac{5}{7}$, j'en multiplie les deux termes par le produit de 3, 5 et 4, qui est 60; ce qui donne pour nouvelle fraction $\frac{300}{420}$.

Dans la pratique, on peut disposer les fractions primitives et les nouvelles dans l'ordre établi ci-dessous, en portant au-dessus de chaque fraction le produit des dénominateurs des autres.

140	84	105	60
$\frac{2}{3}$	$\frac{4}{5}$	$\frac{3}{4}$	$\frac{5}{7}$
$\frac{280}{420}$	$\frac{336}{420}$	$\frac{315}{420}$	$\frac{300}{420}$

Les nouvelles fractions sont égales aux premières, *parce qu'on n'a fait que multiplier les deux termes de chacune de celles-ci par un même nombre.*

On remarque encore facilement que si l'on obtient pour chaque fraction le même dénominateur 420, c'est parce que *chaque nouveau dénominateur est le produit des mêmes nombres 3, 5, 4, 7, dénominateurs primitifs.*

L'habitude d'opérer fait découvrir des moyens plus simples de réduire les fractions au même dénominateur. Nous ne présenterons que le suivant:

Soit à réduire au même dénominateur les fractions

3	6	8
$\frac{11}{24}$	$\frac{5}{12}$	$\frac{2}{9}$
$\frac{33}{72}$	$\frac{30}{72}$	$\frac{16}{72}$

On voit, avec un peu d'attention, qu'elles peuvent

être réduites au même dénominateur 72, en multipliant les deux termes de la première par 3, ceux de la deuxième par 6, et ceux de la troisième par 8.

Ces fractions ont des termes beaucoup plus simples que ceux qu'on eût obtenus par la méthode ordinaire.

42. Il est quelquefois difficile de reconnaître entre plusieurs fractions quelle est la plus grande, lorsqu'elles n'ont pas le même dénominateur; mais si on les réduit au même dénominateur, *ce sera alors celle qui aura le plus grand numérateur qui sera la plus grande, comme ayant un plus grand nombre de parties* (30).

C'est ainsi qu'après avoir réduit au même dénominateur les trois fractions ci-dessus $\frac{11}{24}$, $\frac{5}{12}$, $\frac{2}{9}$, on voit que c'est $\frac{11}{24}$ qui est la plus grande, parce que $\frac{33}{72}$, qui lui correspond, est celle qui a le plus grand numérateur.

Addition des fractions.

43. On conçoit qu'on ne peut ajouter commodément ensemble des parties inégales de l'unité; c'est ainsi qu'on ne peut ajouter les 3 fractions $\frac{11}{24}$, $\frac{5}{12}$, $\frac{2}{9}$. Pour faire l'addition des fractions, *il faut donc les réduire au même dénominateur, puis ajouter tous les numérateurs, et donner à la somme, pour dénominateur, celui commun aux fractions. On extrait ensuite les entiers, s'il y a lieu.*

Recourant toujours à l'exemple ci-dessus, après avoir réduit les trois fractions au même dénominateur 72, on fait la somme des nouveaux numérateurs 33, 30 et 16, ce qui donne 79; à laquelle somme on donne pour dénominateur 72. Ainsi la somme des fractions est $\frac{79}{72}$; ou, en extrayant les entiers (35), $1 + \frac{7}{72}$.

Lorsqu'il y a des entiers joints aux fractions à additionner, *on fait l'addition des fractions séparé-*

ment, puis on fait celle des entiers, et on l'ajoute aux entiers qu'a pu produire l'extraction.

$$\overset{40}{} \qquad \overset{20}{} \qquad \overset{32}{}$$

Soit à additionner..... $36\,\frac{3}{4}$, $1\,\frac{7}{8}$ et $91\,\frac{2}{5}$

Fractions réduites....... $\frac{120}{160}$ $\frac{140}{160}$ $\frac{64}{160}$

La somme des fractions e s $\frac{324}{160} == 2 + \frac{4}{160}$.

La somme des entiers étant 128, on l'ajoute à ceux qu'a fournis l'extraction, ce qui donne pour somme totale 130 $\frac{4}{160}$; ou, en réduisant la fraction à sa plus simple expression, 130 $\frac{1}{40}$.

Soustraction des fractions.

44.   Pour retrancher une fraction d'une autre fraction, *si elles n'ont pas même dénominateur, on les y réduit; ensuite on retranche le plus petit numérateur du plus grand, et l'on donne au reste le dénominateur commun.*

Ainsi, ayant à soustraire $\frac{5}{7}$ de $\frac{3}{4}$, on remplacera ces fractions par.............. $\frac{20}{28}$ et $\frac{21}{28}$; puis, retranchant le plus petit numérateur 20 du plus grand 21, on a pour reste $\frac{1}{28}$.

Lorsque les fractions sont accompagnées d'entiers, *on fait d'abord la soustraction des fractions séparément, puis ensuite celle des entiers, en ayant soin, lorsque la fraction qui accompagne le plus petit entier est plus forte que l'autre, d'emprunter une unité sur le plus grand nombre, pour la réduire en parties que représente la plus petite fraction, et les ajouter à celles que contient cette fraction. L'entier sur lequel on a emprunté, doit donc compter pour une unité de moins.*

C'est ainsi qu'ayant à retrancher $\quad 7\,\frac{3}{9}$ de $11\,\frac{10}{12}$,

on retranche d'abord.................... $\frac{3}{9}$ de $\frac{10}{12}$;

fractions qui, réduites au même dénominateur, deviennent.................... $\frac{36}{108}$ de $\frac{90}{108}$

et donnent pour reste $\frac{54}{108}$; puis on retranche l'entier 7 de 11, ce qui donne 4 pour reste ; on aura pour reste total $4 + \frac{54}{108}$.

C'est ainsi encore qu'ayant à soustraire $8\frac{2}{3}$ de $13\frac{1}{2}$ après avoir réduit les fractions à celles $\frac{4}{6}$ et $\frac{3}{6}$ ne pouvant retrancher la première de la seconde, on emprunte une unité sur l'entier 13 ; laquelle unité vaut $\frac{6}{6}$, qui réunis à la fraction $\frac{3}{6}$ donnent $\frac{9}{6}$; d'où, soustrayant $\frac{4}{6}$, on a pour reste $\frac{5}{6}$; soustrayant ensuite les entiers, on a pour reste total de la soustraction $4 + \frac{5}{6}$.

Multiplication des fractions.

La définition de la multiplication nous a fait reconnaître que multiplier un nombre par un autre, quand le multiplicateur est une fraction, ce n'est prendre que certaines parties du multiplicande (14) : multiplier $\frac{2}{3}$ par $\frac{4}{5}$, ce n'est donc que prendre les $\frac{4}{5}$ de $\frac{2}{3}$; or, pour prendre seulement le 5.me d'une fraction, c'est-à-dire, pour la rendre 5 fois plus petite, il suffit d'en multiplier le dénominateur par 5, ce qui donne (*en indiquant seulement le calcul*) $\frac{2}{3\times5}$, pour le 5.me : mais c'étaient les $\frac{4}{5}$ qu'il fallait ; donc il faut prendre ce résultat 4 fois, c'est-à-dire, le rendre 4 fois plus grand, en multipliant son numérateur par 4, ce qui donne (*en indiquant seulement le calcul*) $\frac{2\times4}{3\times5}$.

45.   Ce résultat fait conclure que, pour faire la multiplication de deux fractions, *il suffit de multiplier les numérateurs entre eux et les dénominateurs entre eux*. Effectuant les calculs, on trouve que $\frac{2}{3}\times\frac{4}{5} = \frac{8}{15}$; produit que l'on reconnaît facilement plus petit que le multiplicande, ainsi qu'on l'avait avancé lors de la définition de la multiplication.

Soit maintenant à multiplier un entier par une fraction, ou une fraction par un entier ; car le raisonnement est le même : par exemple, $12 \times \frac{2}{3}$.

On remarque qu'on peut mettre l'entier sous la forme d'une fraction, en lui donnant pour dénominateur l'unité (39); ce qui ramène au cas de deux fractions, puisqu'on aurait $\frac{12}{1} \times \frac{2}{3}$. Or, ainsi qu'il est dit ci-dessus, il faut multiplier les numérateurs entre eux et les dénominateurs entre eux ; ce qui donnerait $\frac{12 \times 2}{1 \times 3}$: mais la multiplication d'un nombre par 1 donne ce même nombre ; *donc il suffit de multiplier le numérateur de la fraction par l'entier sans rien changer au dénominateur, et d'extraire ensuite les entiers, s'il y a lieu.*

Effectuant donc les calculs indiqués, on a pour résultat le nombre fractionnaire $\frac{24}{3}$.

S'il se trouve des entiers joints aux fractions, on commence *par réduire les entiers et les fractions qui les accompagnent en expressions fractionnaires* (37), *puis on opère sur les résultats comme sur des fractions ordinaires, et l'on extrait les entiers* (35). C'est ainsi qu'ayant à multiplier $7\frac{3}{4}$ par $3\frac{5}{6}$, je change le multiplicateur en $\frac{31}{4}$ et le multiplicande en $\frac{23}{6}$: effectuant ensuite la multiplication sur ces deux expressions fractionnaires comme sur deux fractions, on a pour résultat $\frac{713}{24}$, dont on extrait les entiers; ce qui donne $29\frac{17}{24}$.

On trouverait de même que $5\frac{3}{4} \times 7$ donnent pour résultat, après extraction des entiers, $40\frac{1}{4}$.

Fractions de fractions.

On appelle fractions de fractions *une suite de fractions séparées les unes des autres par le mot, de.* Par exemple, $\frac{2}{3}$ de $\frac{5}{5}$; et $\frac{2}{3}$ de $\frac{4}{5}$ de $\frac{5}{6}$, sont des fractions de fractions.

Pour les réduire en une seule fraction, *on multiplie les numérateurs entre eux et les dénominateurs entre eux.* En effet, pour le 1.er exemple, prendre les $\frac{2}{3}$ de $\frac{4}{5}$, ce n'est autre chose que multiplier $\frac{4}{5}$ par $\frac{2}{3}$ (14), ce qui donne pour résultat $\frac{8}{15}$.

Pour le 2.^{c} exemple, prendre les $\frac{2}{3}$ de $\frac{4}{5}$ de $\frac{5}{6}$ revient (*puisque les $\frac{2}{3}$ de $\frac{4}{5}$ viennent de nous donner $\frac{8}{15}$*) à prendre les $\frac{8}{15}$ de $\frac{5}{6}$. Or, d'après ce que l'on vient de dire, prendre les $\frac{8}{15}$ de $\frac{5}{6}$ revient à multiplier $\frac{8}{15}$ par $\frac{5}{6}$, ce qui donne $\frac{40}{90}$ pour résultat.

S'il y avait des entiers joints aux fractions, *on les réduirait d'abord en fractions de même espèce que celles qui les accompagnent* (37), *on opérerait ensuite comme pour des fractions ordinaires ; puis l'on extrairait les entiers, s'il y a lieu* (35).

S'il y avait des entiers isolés, *on les mettrait sous la forme de fractions ayant pour dénominateur l'unité, on opérerait ensuite comme pour les fractions ordinaires, et on extrairait les entiers.*

C'est ainsi que l'on trouve que les $\frac{5}{7}$ de $7\frac{2}{5} = 5\frac{10}{35} = 5\frac{2}{7}$; et que les $\frac{2}{3}$ de $\frac{4}{5}$ de $21 = 12\frac{12}{15}$ ou $12\frac{4}{5}$.

Division des fractions.

46. Pour diviser une fraction par une fraction, *il faut multiplier la fraction dividende par la fraction diviseur renversée.*

Soit, pour le démontrer, à diviser $\frac{2}{5}$ par $\frac{3}{4}$; nous raisonnerons ainsi :

Si l'on avait à diviser $\frac{2}{5}$ par 3, comme diviser par 3 c'est rendre la fraction $\frac{2}{5}$ trois fois plus petite (19), on y parviendrait en multipliant le dénominateur par 3 (31) ; ce qui donnerait $\frac{2}{5 \times 3}$. Mais c'est par $\frac{3}{4}$ qu'il faut diviser, et non par 3 : on a donc divisé par un nombre 4 fois trop grand : le résultat $\frac{2}{5 \times 3}$ est par conséquent 4 fois trop petit. Pour lui donner sa juste valeur, c'est-à-dire le rendre 4 fois plus grand, il suffit de multiplier le numérateur par 4 (31), ce qui donne pour résultat $\frac{2 \times 4}{5 \times 3}$, qui n'est autre chose que la *fraction dividende multipliée par la fraction diviseur renversée.* Effectuant les calculs, on a $\frac{8}{15}$ pour résultat définitif.

Si l'on avait un entier à diviser par une fraction ;

par exemple, $12 : \frac{5}{7}$ (*le signe* : *s'énonce, diviser par*); pour découvrir la règle à suivre, on remarque qu'on peut mettre l'entier sous la forme d'une fraction, en lui donnant pour dénominateur l'unité (39); ce qui ramènerait au cas de la division de deux fractions, puisque l'on aurait $\frac{12}{1} : \frac{5}{7}$. Or, d'après la règle pour deux fractions, l'opération se réduit à $\frac{12 \times 7}{1 \times 5}$; mais comme on peut effacer $\cdot \times$ sans changer le résultat, on voit que pour diviser un entier par une fraction, *il faut multiplier l'entier par la fraction renversée*, ce qui donne pour résultat $\frac{84}{5}$; d'où, extrayant les entiers, on a $16 \frac{4}{5}$.

Pareillement, si l'on a une fraction à diviser par un entier; par exemple, $\frac{3}{4} : 5$; l'opération se réduit à $\frac{3}{4} : \frac{5}{1}$; c'est-à-dire, $\frac{3 \times 1}{4 \times 5}$: mais comme on peut effacer $\times \cdot$ sans changer le résultat, on voit que pour diviser une fraction par un entier, *il suffit de multiplier le dénominateur par l'entier*.

Problèmes et exercices sur les fractions.

Quels sont les moindres termes ou plus simples expressions des fractions $\frac{24}{96}$, $\frac{1176}{1488}$?

On veut réduire 13 entiers en sixièmes.

Réduire $17 + \frac{3}{10}$ en dixièmes.

Combien y a-t-il de quarts de jour dans 19 jours?

Combien y a-t-il de jours dans $\frac{13}{3}$ de jour ?

Évaluer la fraction $\frac{6}{8}$ en décimales.

Évaluer en décimales l'expression $3 \frac{2 \cdot 7}{2 \cdot 5 \cdot 3}$.

Combien y a-t-il de centimètres dans $\frac{5}{7}$ de mètres?

Deux ouvriers ayant un travail à exécuter, l'ont partagé entre eux également : le premier a fait les $\frac{5}{6}$ de sa part ; le second, les $\frac{4}{7}$ de la sienne. On désire connaître quel est celui dont la part de travail est la plus avancée ?

Quatre ouvriers pour faire un ouvrage, ont passé, savoir : le premier, 11 jours $\frac{2}{3}$; le second, 17 jours $\frac{3}{4}$;

le troisième, 15 jours $\frac{1}{2}$; et le quatrième, 12 jours $\frac{1}{3}$. Combien ont-ils passé de jours en tout ?

Un ouvrier qui par mauvaise conduite a perdu, à diverses reprises, $\frac{3}{4}$ de jour, $\frac{2}{3}$ de jour, $\frac{1}{2}$ de jour, $\frac{1}{3}$ de jour et $\frac{1}{4}$ de jour, désire savoir combien il a perdu de jours de son travail.

Un ouvrier payé au mois, mais qui doit remplacer le temps qu'il perd, s'est absenté de l'atelier pendant 5 jours $\frac{3}{4}$. En travaillant les dimanches, il a déjà rendu à son maître 3 jours $\frac{2}{3}$. On demande quel temps il lui doit encore ?

Que faut-il qu'un maître paie à l'ouvrier qui a travaillé 13 jours $\frac{2}{3}$, à raison de 4 francs 50 centimes par jour ?

Quelle est la part d'une personne qui doit avoir les $\frac{4}{9}$ d'une succession montant à 4243 francs ?

Une voiture a fait 22 lieues $\frac{3}{4}$ en 7 heures $\frac{1}{2}$; on demande combien elle a fait par heure ?

Système métrique-décimal des mesures.

47. On appelle le système actuel des mesures, *système métrique*, parce que toutes les mesures y dérivent du mètre (mesure de longueur), ainsi qu'on le verra; on l'appelle aussi *décimal*, parce que les multiples de chaque unité sont établis de dix en dix fois plus grands que cette unité, et les sous-multiples de dix en dix fois plus petits que cette même unité.

48. Pour former les multiples de chaque unité, on emploie les mots suivants, en les plaçant avant le nom de cette unité :

Déca,	qui signifie	Dix.
Hecto,	*id.*	Cent.
Kilo,	*id.*	Mille.
Myria,	*id.*	Dix mille.

49. Pour former les sous-multiples de chaque unité, on emploie les mots suivants, en les plaçant aussi avant le nom de l'unité :

Déci,   qui signifie Dixième.
Centi,   *id.*   Centième.
Milli,   *id.*   Millième.

Tout le monde sait ce que c'est que mesurer : *c'est chercher combien de fois une quantité contient l'unité que l'on a prise pour mesure.*

Les mesures les plus usuelles sont celles : 1.º de longueur, 2.º de surface, 3.º de volume, 4.º de capacité, 5.º de poids, 6.º de valeur.

On fait usage de l'*unité de longueur* ou *linéaire*, lorsqu'on ne veut évaluer un objet, un corps, l'espace, que sur l'une des trois dimensions : longueur, largeur, épaisseur (ou *hauteur*). Dans ce cas, on cherche combien de fois cette unité de longueur peut se porter sur celle à mesurer.

Si l'on veut connaître l'étendue considérée en longueur et largeur, c'est-à-dire *la surface,* on cherche combien de fois on pourrait superposer sur la surface à mesurer celle adoptée pour l'unité.

Quand il s'agit de connaître l'étendue considérée selon les trois dimensions de longueur, largeur et épaisseur, c'est-à-dire *le volume* ou *la solidité,* on cherche combien de fois un autre corps connu pris pour unité pourrait être contenu dans l'espace occupé par le corps qu'il s'agit de mesurer.

Pour évaluer les liquides, les grains et tout ce qui peut se transvaser, on cherche combien de fois la quantité à mesurer remplirait une contenance déterminée qu'on appelle *mesure de capacité.*

Quand on désire connaître le poids d'un corps, on cherche combien de fois ce corps peut peser de fois un autre corps pris pour unité de poids.

Enfin, quand il s'agit d'estimer la valeur vénale d'une chose, d'un objet, on la compare au prix d'une pièce de *monnaie* prise pour unité.

Mesures linéaires ou de longueur.

On divise les mesures linéaires ou de longueur

en mesures de *longueur ordinaire*, et en *mesures iti-néraires* servant à évaluer les grandes distances, comme celle d'une ville à une autre.

L'unité de longueur ordinaire est le *mètre*. Le mètre a une longueur égale à celle de la *dix-mil-lionième partie de la distance du pôle à l'équateur*, mesurée sur le méridien terrestre qui passe par Dunkerque, Paris et Barcelone. (*Voyez la figure* 1re.)

Le mètre vaut en mesures anciennes 3 pieds 0 pouces 11 lignes, 296.

Les mots systématiques (48) ne sont pas usités pour les multiples du mètre considéré comme me-sure de longueur ordinaire ; ainsi l'on dit : Cent mètres, et non pas un hectomètre. Quelques-uns seulement sont usités pour les mesures itinéraires.

Tableau des noms de multiples et sous-multiples usités pour le mètre.

POUR LE MÈTRE, MESURE DE LONGUEUR.

Pas de multiples.
Mètre,   unité fondamentale.
Décimètre, ou dixième de mètre.
Centimètre, ou centième de mètre.
Millimètre, ou millième de mètre.

POUR LES MESURES ITINÉRAIRES.

Myriamètre,	ou 10000 mètres.	
Kilomètre,	ou 1000	*id.*
Hectomètre (peu en usage),	ou 100	*id.*
Décamètre,	ou 10	*id.*
Mètre,	unité.	

(*Voyez la figure* 2, *qui représente un décimètre de grandeur naturelle. Les divisions marquées* 1, 2, 3, 4, *etc., sont donc des centimètres, et les petites di-visions sont des millimètres.*)

Le kilomètre et le myriamètre sont principalement usités pour les mesures itinéraires. Sur les routes, les kilomètres sont ordinairement marqués par des bornes principales, numérotées; et les hecto-mètres par des bornes plus petites.

Puisque les subdivisions du mètre sont décimales, on écrira sans difficulté un nombre quelconque de mètres et de sous-multiples, en mettant les mètres au rang des unités et écrivant au-dessus le nom en abrégé par la lettre initiale ^{m}.

Par exemple, douze mètres vingt-deux centi-mètres s'écriront $12^m, 22^c$; vingt-neuf mètres trois millimètres s'écriront $29^m, 003^m$.

Mesures de surface ou superficie.

On les divise en deux classes : les mesures de su-perficie ordinaires, et les mesures *agraires*, ainsi nommées parce qu'elles servent aux superficies des terres, champs, prés, vignes, bois, etc.

Mesures de superficie ordinaires.

50. L'unité pour les superficies ordinaires est le *mètre carré*, c'est-à-dire *un carré dont les côtés ont chacun un mètre de longueur*. (*Voyez fig. 3.*)

Tableau des multiples et sous-multiples usités pour le mètre carré.

Pas de multiples usités.

Mètre carré, unité.

Décimètre carré, ou carré d'un décimètre de côté, et qui est par conséquent la 100.e partie du mètre carré.

Centimètre carré, ou carré d'un centimètre de côté, et qui est la 10000.e partie du mètre carré.

Millimètre carré, ou carré d'un millimètre de côté, et qui est la 1000000.e partie du mètre carré.

Ce tableau indique donc qu'il faut se garder de confondre : 1.º *Le décimètre carré* avec un dixième de mètre carré, 2.º *le centimètre carré* avec un centième de mètre carré, 3.º *le millimètre carré* avec un millième de mètre carré.

Si l'on trouvait pour résultat d'une opération $4^{\text{m. c.}}$, 6732, comme il faut 100 décimètres carrés pour faire un mètre carré, les deux chiffres à droite de la virgule exprimeront donc les décimètres carrés ; comme il faut 100 centimètres carrés pour faire un décimètre carré, les deux autres chiffres exprimeront les centimètres carrés. Si le nombre des chiffres décimaux était impair, on mettrait un zéro à la droite.

Le nombre ci-dessus peut donc se lire ainsi : $4^{\text{m. c.}}, 67^{\text{d. c.}} 32^{\text{c. c.}}$ ou $4^{\text{m. c.}}, 6732^{\text{c. c.}}$; mais comme le centimètre carré est la 10000.ᵉ partie du mètre carré, on pourrait aussi lire : $4^{\text{m. c.}}, 6732$ dix-millièmes de mètre carré.

Comme le décimètre carré est la centième partie du mètre carré, au lieu d'exprimer, par exemple, $8^{\text{m. c.}}, 80^{\text{d. c.}}$, on pourrait lire : $8^{\text{m. c.}}, 80$ centièmes de mètre carré. C'est ainsi que $24^{\text{m. c.}}, 653$ se lirait : $24^{\text{m. c.}}, 653$ millièmes de mètre carré.

Nous donnerons même la préférence à cette seconde méthode, qui, du reste, est celle employée pour la lecture des nombres décimaux. (10 *bis*)

Mesures agraires.

51. L'unité des surfaces agraires est *l'are*, qui est *un décamètre carré, c'est-à-dire un carré dont les côtés ont 10 mètres.* (*Voyez fig.* 4.)

Tableau des multiples et sous-multiples usités pour l'are.

Hectare, ou cent ares. (Mesure prise le plus souvent pour unité de surface.)

Are, unité.

Centiare, ou centième partie d'un are.

Comme il entre dans l'are 100 mètres carrés (*Voir la fig.* 4), le *centiare* n'est donc autre chose qu'un mètre carré.

Soit pour résultat d'une opération 268453 mètres carrés, ou centiares.

Comme il faut 100 *centiares pour faire un are,* si l'on sépare les deux chiffres à droite de ce nombre de centiares, la partie à gauche sera un nombre d'ares ; on aura donc......... 2684 a. 53 c.

Mais comme il faut *cent ares pour un hectare,* si sur la droite du nombre d'ares on sépare deux autres chiffres, la partie à gauche exprimera les hectares : ainsi le résultat ci-dessus sera.... 26 h. 84 a. 53 c.

Mesures de volume ou solidité.

52.   L'unité de mesures pour les volumes ou solidité est le *mètre cube.* Le mètre cube a la forme d'un dé à jouer ; *c'est un corps renfermé sous six carrés ayant un mètre de côté,* et dont chaque côté a en conséquence 1 $^{m. c.}$ en surface. (*Voir la fig.* 5.)

Quand il s'agit du bois de chauffage, cette mesure prend le nom de *stère.* Mais, dans ce cas, c'est un bâti ayant en largeur 1 $^{m.}$, et dont la hauteur varie suivant la longueur du bois à mesurer (*Voyez fig.* 6), de manière que les trois dimensions multipliées ne produisent qu'un stère. Par conséquent, quand le bois a 1 $^{m.}$ de longueur, la mesure a 1 $^{m.}$ de hauteur.

Tableau des multiples et sous-multiples usités pour le mètre cube, considéré comme mesure de volume en général.

Mètre cube, unité.

Décimètre cube, ou cube d'un décimètre de côté, et qui est en conséquence la 1000.e partie du mètre cube.

64   TRAITÉ ÉLÉMENTAIRE

Centimètre cube, ou cube d'un centimètre de côté, et qui est en conséquence la 1000000.ᵉ partie du mètre cube.

Nous recommandons donc de ne pas confondre *le décimètre cube* avec un dixième de mètre cube, *ni le centimètre cube* avec un centième de mètre cube.

Si pour résultat d'un calcul on avait obtenu le nombre. . . . . 6 ᵐ·ᶜ·,845673

Comme il faut 1000 déc. cubes pour faire un mètre cube, les trois premiers chiffres à droite de la virgule exprimeront les déc. cubes : comme il faut 1000 cent. cubes pour faire un déc. cube ; les trois autres chiffres à la suite exprimeront les cent. cubes : s'il manquait un ou deux de ces trois autres chiffres, on mettrait un ou deux zéros à la droite.

Le nombre ci-dessus peut donc se lire ainsi. . . . . 6 ᵐ·ᶜ·,845 ᵈ·ᶜ·,673 ᶜ·ᶜ·

Mais comme le centimètre cube est la millionième partie du mètre cube, il vaudrait mieux lire 6 ᵐ·ᶜ·, 845673 millionième de mètre cube.

Si l'on avait le résultat
suivant :   4 ᵐ·ᶜ·,2567
on lirait   4 ᵐ·ᶜ·,2567 dix-millièmes de m. cube.

Si l'on avait 0 ᵐ·ᶜ·,275
on lirait   0 ᵐ·ᶜ·,275 millièmes de mètre cube.

Comme pour les parties du mètre carré, nous donnerons aussi toujours la préférence à cette dernière méthode, qui n'est autre que celle employée pour la lecture des nombres décimaux.

Tableau des multiples et sous-multiples usités pour le stère. (*Unité pour les bois de chauffage.*)

Décastère, ou 10 stères.
Stère (ou mètre cube), unité.
Décistère, ou dixième de stère.
Centistère, ou centième du stère.

Comme dans le commerce des bois de chauffage ce qu'on appelle décistère est bien la 10.e partie d'un stère, et le centistère la centième partie du stère, il n'y a lieu à aucune difficulté, ni à aucune explication pour l'énonciation et l'écriture des parties de cette unité.

Mesures de capacité ou de contenance (pour les liquides, les grains et généralement ce qui se transvase).

53. L'unité des mesures de capacité est le litre. *Le litre* est ordinairement un vase à forme cylindrique (*Voyez la figure 7*), mais dont *la contenance est exactement celle d'un vase cubique qui aurait un décimètre de côté; c'est-à-dire, un décimètre cube.*

Tableau des multiples et sous-multiples usités pour le litre.

Kilolitre, ou 1000 litres.
Hectolitre, ou   100 litres.
Décalitre, ou   10 litres.
Litre, unité.
Décilitre, ou dixième du litre.
Centilitre, ou centième du litre.

Comme les multiples et sous-multiples du litre suivent, comme ceux du mètre linéaire et du stère, l'ordre décimal ordinaire, il n'y a lieu à aucune difficulté pour l'écriture et l'énonciation de ces nombres.

On observera seulement, que dans le commerce en gros, au lieu de prendre *le litre* pour unité, *c'est quelquefois le décalitre et plus souvent l'hectolitre* qui devient l'unité; il en résulte donc, lorsque par exemple c'est l'hectolitre qui est l'unité, que le premier chiffre décimal exprime des décalitres, le second des litres, etc.

Mesures de poids.

54. L'unité principale des poids est *le gramme*. *C'est un poids égal à celui d'un centimètre cube d'eau distillée* pesée dans le vide , à la température de 4°—4 du thermomètre centigrade.

Tableau des multiples et sous-multiples usités pour le gramme.

Kilogramme, ou 1000 grammes. (*Poids très-souvent pris pour unité.*)
Hectogramme, ou 100 grammes.
Décagramme , ou 10 grammes.
Gramme, unité. (*Usité principalement pour les matières légères.*)
Décigramme , ou dixième de gramme.
Centigramme, ou centième de gramme.
Milligramme, ou millième de gramme.
Dans le commerce, on appelle encore *quintal,* le poids de 100 kilogrammes.

Le tonneau ou tonne est le poids de 1000 kilogrammes, mais pour les marchandises lourdes seulement ; car pour celles qui sont légères et par conséquent encombrantes, le tonneau est d'un poids inférieur, calculé en raison inverse du déplacement.

Il n'y a lieu à aucune difficulté pour écrire et énoncer les nombres , puisque les multiples et les sous-multiples suivent l'ordre décimal ordinaire.

On remarquera qu'on ne prend guère le *gramme* pour unité que pour peser les choses précieuses, et que dans tout autre cas le *kilogramme est devenu l'unité usuelle ;* il en résulte que lorsque le kilogramme est pris pour unité , c'est l'hectogramme qui est au premier chiffre décimal, le décagramme au deuxième chiffre , etc.

Mesures monétaires ou monnaies.

55. L'unité de monnaie est le *franc. Le franc est une pièce d'argent pesant 5 grammes, et contenant 0,09 d'argent pur et 0,01 d'alliage en cuivre et étain. (Voyez fig. 9.)*

Tableau des multiples et sous-multiples usités pour le franc.

Franc..................... — Unité.
Décime (au lieu de décifranc). — Dixième de fr.
Centime (au lieu de centifranc). — Centième de fr.
Il y a des pièces de monnaie de cuivre, d'argent et d'or.
Celles de cuivre sont : le centime.
              la pièce de 5 c., appelée sou.
              le décime, appelé gros sou.
Le décime pèse 20 grammes.
Les pièces d'argent sont : celle de   5 francs.
              id.   2 francs.
              id.   1 franc.
              id.   50 centimes.
              id.   25 centimes.
Les pièces d'or sont : celle de 20 fr., appelée
              Louis.
              celle de 40 fr., appelée
              Double-Louis.
La pièce de 20 francs pèse 6^{gr},4516.
Les sous-multiples du franc suivent l'ordre décimal ordinaire, l'écriture et l'énonciation des nombres n'a donc besoin d'aucune explication.

En définissant le nouveau système des mesures, nous avons dit qu'on l'appelait *métrique* parce que toutes les mesures y dérivent du mètre. En effet :

Le mètre carré, est un carré qui a *un mètre de côté* (50).

L'are, est un carré qui a *dix mètres de côté* (51).

Le mètre cube ou stère, est un cube qui a *un mètre sur chaque côté* (52).

Le litre, a la capacité *d'un décimètre cube* (53).

Le gramme, est le poids *d'un centimètre cube* d'eau distillée (54).

Le franc, dérive aussi du mètre, puisqu'il pèse 5 grammes, *et que le gramme a pour base le mètre* (55).

Comme complément des nouvelles mesures, nous devons parler ici de la mesure du temps, et de la circonférence du cercle.

Mesure du temps.

L'unité de temps est soumise aussi à la division décimale.

Tableau de la division du temps.

Le jour est l'unité.
Le jour est divisé en 10 heures;
L'heure en 100 minutes;
La minute, en 100 secondes.

Mais cette méthode n'est guère employée que par quelques astronomes; les unités de temps encore en usage sont: l'année ou an, le jour, l'heure, la minute, la seconde.

Tableau de la division du temps en usage.

L'année ou an est de 365 jours 5 heures 48' 51" 6'''.

Comme on ne la compte que de 365 jours, ce que l'on néglige donne *près* d'un jour en 4 années : on obvie à cet inconvénient en faisant, tous les 4 ans, une année de 366 jours, que l'on nomme *année bissextile*. Mais comme la fraction négligée ne produit pas tout à fait un jour tous les 4 ans, et qu'elle laisse une différence qui, tous les 400 ans, donne 3 jours de trop, pour atteindre une plus grande exactitude, on est convenu que les années séculaires non multiples de 4 ne seraient pas bissextiles.

Le jour est divisé en 24 heures ;
L'heure, en 60 minutes;
La minute, en 60 secondes ;
La seconde, en 60 tierces.
Jour, s'écrit par abréviation avec la lettre *J* ;
Heure, par la lettre *H*.
Minute, est représentée par ce signe ´.
Seconde,   d.°   ″
Tierce,   d.°   ‴

Ayant remarqué que la lune, qui suit la terre dans son mouvement annuel autour du soleil, fait autour de celle-ci environ 12 révolutions, on a, d'après cette remarque, partagé aussi l'année en 12 parties nommées *Mois*; ceux-ci en jours, de manière à donner 365 jours pour les années communes, et 366 pour les années bissextiles.

Voici leurs noms et le nombre de jours de chacun :

Janvier,	*Février*,	*Mars*,
31 jours.	28 j. et 29 j. (pour les années bissextiles.)	31 jours.

Avril,	*Mai*,	*Juin*,
30 jours.	31 jours.	30 jours.

Juillet,	*Août*,	*Septembre*,
31 jours.	31 jours.	30 jours.

Octobre,	*Novembre*,	*Décembre*.
31 jours.	30 jours.	31 jours.

La division par semaines, composées chacune de 7 jours, dont les noms sont bien connus, est également usitée dans toute l'Europe, à l'exception de la Russie.

De la circonférence du cercle.

Une circonférence n'est autre chose qu'une longueur reployée suivant la forme d'un cercle.

Tableau de la division de la circonférence.

Les circonférences, quelle que soit leur grandeur, se divisent en 4 parties appelées *quadrants*;

Le quadrant, en 100 parties appelées *grades ou degrés*.

Mais cette division n'est point encore usitée. Celle actuellement en usage est la division en degrés, minutes, secondes, etc.

Tableau de la division de la circonférence en usage.

La circonférence est divisée en 360 degrés, représentés par ce signe °.

Le degré, en 60 minutes, représentées par ce signe '.

La minute, en 60 secondes, représentées par ce signe ".

Suivant cette division, le quadrant se trouve avoir 90 degrés.

Exercices sur le nouveau système métrique.

Combien y a-t-il de mètres : 1.° dans 12 myriamètres; 2.° dans 3 kilomètres ; 3.° dans 243 décimètres ?

Combien y a-t-il de myriamètres et de kilomètres dans 24243 mètres?

Combien y a-t-il d'arbres sur la longueur d'une route de 35 kilomètres, sachant que la distance entre chacun est de 3ᵐ,50?

Combien y a-t-il de mètres carrés dans 260 décamètres carrés ?

Combien y a-t-il d'ares : 1.° dans 2 hectares ; 2.° dans 235 centiares ?

Combien y a-t-il d'hectares : 1.º dans 2456 ares ; 2.º dans 86752 centiares ?

11 Héritiers ont à partager en parties égales une propriété de 23 hectares 25 ares ; on demande quelle est la part de chacun, à moins d'un centiare près.

Si, dans la construction d'un édifice, il est entré 3255 pierres de taille d'une dimension moyenne de $0^{m. c.}$,069 de mètre cube, combien a-t-on employé de mètres cubes de pierres ?

Combien y a-t-il de litres : 1.º dans 3 hectolitres; 2.º dans 35275 centilitres ?

Combien y a-t-il d'hectolitres et de décalitres dans 8245 litres ?

Combien y a-t-il de grammes : 1.º dans 12 kilogrammes ; 2.º dans 24 décagrammes ?

Combien y a-t-il de kilogrammes et de grammes dans 224542 centigrammes ?

Combien y a-t-il de centimes dans 245 francs ?

Combien y a-t-il de francs et de décimes dans 2454 centimes ?

Combien y a-t-il d'alliage dans 4700 francs en pièces d'argent ?

Carrés et racines carrées des nombres entiers.

56. On appelle *carré* d'un nombre, *le produit de la multiplication de ce nombre par lui-même.*

Les 10 premiers nombres :

1. 2. 3. 4. 5. 6. 7. 8. 9. 10.

ont donc pour carrés :

1. 4. 9. 16. 25. 36. 49. 64. 81. 100.

Une simple multiplication suffit pour former le carré d'un nombre, quel qu'il soit : ainsi, le carré de 12 est 144, le carré de 0,004 est 0,000016, de $\frac{2}{3}$ est $\frac{4}{9}$.

56 *bis.* Le carré d'un nombre se nomme aussi la 2.ᵉ *puissance* de ce nombre, parce qu'il y est 2 fois facteur. *Pour indiquer la 2.ᵉ puissance ou le carré d'un nombre, on place le chiffre 2 à la droite, et un peu au-dessus :* ainsi, 84^2 indique qu'il faut élever 84 au carré.

57. On nomme *racine carrée* d'un nombre, *un second nombre dont le carré égale le premier.* Ainsi, la racine carrée de 81 est 9 ; car 9 multiplié par lui-même, c'est-à-dire élevé au carré, donne 81. La racine de 0,000016 est 0,004 ; de $\frac{4}{9}$ est $\frac{2}{3}$.

On désigne la racine carrée ou racine 2.ᵉ d'un nombre, en mettant le nombre sous ce signe $\sqrt{}$. Ainsi, $\sqrt{84}$ et $\sqrt{\frac{4}{9}}$, indique la racine de 84 et de $\frac{4}{9}$.

Pour extraire la racine carrée des nombres qui ne contiennent pas plus de deux chiffres, *il suffit de se rappeler le carré des neuf premiers nombres* (56). Ainsi, la racine carrée de 64 est 8, de 36 est 6 ; mais pour extraire la racine des nombres composés de plus de deux chiffres, la règle est bien plus compliquée, et ne peut se déduire qu'après connaissance parfaite des différentes parties qui composent le carré d'un nombre de plus d'un chiffre.

Voyons donc ce qui va se passer en formant le carré du nombre 64, composé de dizaines et d'unités.

$$
\begin{array}{r}
64 \\
64 \\
\hline
256 \\
384 \\
\hline
4096
\end{array}
$$ — carré de 64.

En multipliant le 4 supérieur par le 4 inférieur, c'est-à-dire les unités par les unités, on a évidemment *le carré des unités.* Multipliant ensuite les 6 dizaines par ces 4 mêmes unités, on a *le produit des dizaines par les unités.* Passant à la multiplication par les dizaines du multiplicateur, et multipliant les 4 unités du multiplicande par ces 6 dizaines, on a le produit *des unités par les dizaines* ;

ou, ce qui est la même chose, *le produit des dizaines par les unités*. Enfin, multipliant les 6 dizaines par celles du multiplicateur, on a le *carré des dizaines*.

58.   Rétablissant dans un autre ordre ces différentes parties du carré, on voit en général que le carré d'un nombre est composé : 1.º *du carré des dizaines;* 2.º *de deux fois le produit des dizaines par les unités;* 3.º *du carré des unités*.

59.   Avant de passer à l'extraction de la racine carrée, remarquons aussi que la différence entre les carrés de deux nombres qui ne diffèrent que d'une unité, est *de deux fois le plus petit nombre plus une unité*.

En effet, le carré de 9 est...... 81
Le carré de 8 est...... 64

La différence entre ces carrés est 17, qui est précisément égal à 2 fois le plus petit nombre 8, plus un 1.

Cela posé, soit maintenant à extraire la racine carrée du nombre 4096, qui n'est composé que de 4 chiffres.

Cette racine, ainsi que le démontre l'exemple ci-dessus (58), ne peut se composer que de 2 chiffres, *celui des dizaines et celui des unités;* parce que ce nombre étant compris entre 100 et 10000, sa racine doit être comprise entre celles de ces deux nombres, qui sont 10 et 100.

Carré.   4 0.9 6 | 64 *Racine.*
          4 9.6 | ‾‾‾‾‾‾
          0 0 | 12.4
                      4

Commençons par chercher les dizaines de cette racine. Comme le carré d'une dizaine donne une centaine (56), le carré des dizaines ne peut donc se trouver dans les deux derniers chiffres à droite; c'est pourquoi on les sépare par un point.

Il est donc dans 40; et comme la racine carrée de 40 ne peut être plus de 6, on en conclut que le

4

chiffre des dizaines est 6. Je le pose à l'emplacement réservé pour la racine.

J'élève 6 au carré, et je retranche le produit 36 de 40. Il reste 4, à côté duquel j'abaisse les deux autres chiffres du nombre donné ; j'ai pour reste total 496. Puisqu'on a retranché du nombre donné *le carré des dizaines*, ce reste 496 ne contient plus que les deux autres parties du carré, qui sont (58) *le double des dizaines par les unités*, *et le carré des unités*.

De ces deux parties la première suffit pour trouver les unités de la racine ; en effet, puisqu'elle est formée du *double des dizaines par les unités,* si on la divise *par le double des dizaines* posées à la racine, nous aurons pour quotient *les unités* ; mais cette première partie (le double des dizaines par les unités) ne peut se trouver dans le chiffre des unités, car des dizaines multipliées par des unités doivent au moins produire des dizaines ; on sépare donc le dernier chiffre 6, et l'on divise 49 par le double des 6 dizaines, qui est 12 ; le quotient 4 *est le chiffre des unités de la racine.* Pour vérifier si ce chiffre est celui qui convient bien aux unités, on le pose à côté de 12 (double des dizaines), et on multiplie le nombre 124 ainsi formé par ce chiffre 4 des unités. Par cette opération on obtient évidemment *le carré des unités et le double des dizaines par les unités,* ce que contient encore le reste 496 ; donc, si l'on retranche ce produit de 496, on ne doit rien trouver pour reste, ce qui a précisément lieu pour cet exemple : d'où l'on conclut que $\sqrt{4096} = 64$.

S'il fût resté quelque chose, la racine 64 n'en serait pas moins la vraie racine en nombre entier, à moins que ce reste ne fût plus grand que le double de la racine plus 1 (59).

Si, après avoir séparé le dernier chiffre, la partie à gauche ne contenait pas le double des dizaines de la racine, il ne faudrait pas pour cela employer ce dernier chiffre, *mais on mettrait un zéro à la racine.*

Si au contraire on trouvait que le double des dizaines est contenu plus de 9 fois dans cette partie à gauche, *on ne pourrait néanmoins mettre plus de 9;* ce serait une preuve que le chiffre des dizaines de la racine est trop faible.

On s'aperçoit qu'un chiffre est trop fort, *lorsqu'on ne peut pas retrancher du nombre que forme le reste suivi de la seconde tranche.* On s'aperçoit qu'il est trop faible, lorsque après la soustraction *le reste contient encore 2 fois la racine plus 1* (59).

On trouvera, en appliquant la méthode exposée ci-dessus, que $\sqrt{8281} = 91$ exactement; que $\sqrt{576} = 24$ exactement. On trouvera aussi que $\sqrt{416} = 20$ et $\sqrt{7623} = 87$, mais seulement à une unité près, car il y a un reste 16 à la première extraction, et 54 à la seconde.

60. Dans ces deux derniers exemples, la racine est comprise entre les nombres 20 et 21 pour la première, et 87 et 88 pour la seconde, et ne peut être exprimée exactement par aucun nombre; c'est pourquoi elle est dite *incommensurable.*

Cependant, il est un moyen d'approcher le plus exactement possible de la racine. Nous le démontrerons lorsque nous parlerons de l'extraction de la racine carrée des nombres décimaux.

61. Quand la racine carrée d'un nombre s'obtient sans aucun reste, le nombre est dit *carré parfait.*

Passons actuellement à l'extraction de la racine carrée d'un nombre composé de plus de 4 chiffres.

Dans ce cas, la racine contiendra plus de 2 chiffres; mais, quel qu'en soit le nombre, on peut toujours la considérer comme composée seulement de *dizaines et d'unités:* c'est ainsi que 649 peut être considéré comme composé de 64 dizaines et 9 unités.

Soit par exemple à extraire la racine carrée de 421201. On dispose le calcul de cette manière :

$$
\begin{array}{rl}
\text{Carré.} & 42.12.01 \\
1.^{er}\text{ reste} & 61.2 \\
2.^{e}\ id. & 1160.1 \\
3.^{e}\ id. & 0\ 00\ 0
\end{array}
\quad
\begin{array}{l}
649\ \textit{Racine.} \\
\begin{array}{c|c}
12.4 & 128.9 \\
4 & 9 \\
\hline
496 & 11601
\end{array}
\end{array}
$$

Et l'on raisonne ainsi : Le nombre proposé ayant plus de - deux chiffres, sa racine renfermera des dizaines et des unités ; mais le carré des dizaines donnant des centaines (56), ne peut se trouver que dans 4212 : il faut donc séparer les deux premiers chiffres à droite du nombre.

La racine du plus grand carré contenu dans 4212 exprimant le nombre des dizaines de la racine cherchée, la question est réduite à chercher la racine d'un nombre qui contient deux chiffres de moins que le nombre proposé ; pour cela, on sépare les deux chiffres à droite de 4212.

S'il devait y avoir 4 chiffres à la racine, on pourrait encore considérer les 3 premiers à gauche comme ne faisant qu'un seul nombre de dizaines, sur lequel on opérerait par conséquent de la même manière.

On remarque donc qu'on est d'abord conduit à partager le nombre en tranches de 2 chiffres, en allant de droite à gauche (*la dernière peut n'avoir qu'un chiffre*), et que le nombre de tranches indique le nombre de chiffres de la racine.

Règle générale. Pour extraire la racine carrée d'un nombre entier : *on le sépare en tranches de deux chiffres, en allant de droite à gauche (la première tranche à gauche peut n'avoir qu'un chiffre). On cherche la racine du plus grand carré contenu dans la première tranche à gauche, ce qui donne le chiffre des plus hautes unités de la racine. On retranche son carré de cette première tranche. A droite du reste on abaisse la tranche suivante : on sépare le dernier chiffre à droite, et l'on divise la partie à gauche par le double du chiffre posé à la racine. On place le quotient à droite du double de la racine, et l'on multiplie le nombre ainsi formé par ce même quotient ; puis on retranche ce produit du nombre formé par le 1.ᵉʳ reste suivi de la 2.ᵉ tranche. Si cette soustraction peut s'effectuer et que le reste ne contienne pas 2 fois la racine plus 1, on est certain que le chiffre du quotient n'est ni trop fort ni trop faible, qu'il est par conséquent exact. On pose ce chiffre à droite de celui déjà obtenu à la racine. On continue ainsi de suite, jusqu'à ce qu'on ait abaissé la dernière tranche à droite, et trouvé le chiffre des unités de la racine.*

Il peut arriver qu'après avoir séparé le dernier chiffre à droite, la partie à gauche ne contienne pas le double de la racine ; dans ce cas, on met un zéro à la racine, et l'on continue en abaissant la tranche suivante.

Soit, pour autre exemple, à extraire la racine carrée de 54789604.

Racine carrée des nombres décimaux.

62. En élevant un nombre décimal au carré, on voit facilement que le carré contient un nombre de chiffres décimaux double de celui de la racine.

D'après cela, pour chercher la racine carrée d'un nombre décimal, *il faut d'abord rendre le nombre des chiffres décimaux pair, s'il ne l'est point, en mettant un zéro à la droite* (11) *; ensuite , faisant abstraction de la virgule, on extrait la racine carrée comme pour les nombres entiers, mais on sépare sur la droite de cette racine un nombre de chiffres décimaux moitié de celui que contient le carré* (62).

Ainsi, pour avoir $\sqrt{21,16}$, on prend la racine de 2116, qui est 46 ; mais on sépare un chiffre décimal sur la droite, ce qui donne pour racine le nombre 4,6.

Pour avoir $\sqrt{5,673}$, on met d'abord un zéro à la droite, ce qui donne 5,6730; puis on cherche encore la racine comme celle d'un nombre entier ; on trouve 238 ; sur la droite duquel on sépare deux chiffres décimaux : la racine du nombre 5,673, à moins de 0,01 près (24), sera donc 2,38.

Le carré d'un nombre ayant toujours un nombre de chiffres décimaux double de celui de la racine, pour obtenir approximativement la racine carrée d'un nombre entier qui n'est pas un carré parfait, *on ajoute à sa droite un nombre de zéros double de celui des chiffres décimaux qu'on veut avoir à la racine, puis on extrait la racine comme à l'ordinaire, mais on sépare sur sa droite un nombre de chiffres décimaux moitié de celui mis à la droite du carré.*

Soit, par exemple, à extraire $\sqrt{87567}$ à moins de 0,01 près. Comme pour avoir des centièmes il faut deux chiffres décimaux à la racine, on doit mettre 4 zéros au carré ; on cherche ensuite la racine carrée de 87567,0000 en faisant abstraction de la virgule, on trouve pour cette racine 29591, sur la droite de laquelle on sépare deux chiffres décimaux ; ce qui donne pour racine du nombre 87567, à moins de 0,01 près, le nombre 295,91.

La racine carrée d'un nombre décimal, à une fraction décimale près, *s'opère également en ajoutant à sa droite, s'il est nécessaire, une quantité de zéros suffisante pour que le nombre des chiffres décimaux soit double de celui qu'on veut avoir à la racine.* C'est ainsi qu'on trouve que la racine de 3,6 à 0,001 près, est 1,897.

Racine carrée des fractions ordinaires.

On a vu que, pour multiplier une fraction par une fraction, il faut multiplier numérateur par numérateur et dénominateur par dénominateur ; donc, pour élever une fraction au carré, il faut élever au carré le *numérateur et le dénominateur.* Ainsi, le carré de $\frac{3}{4}$ est $\frac{9}{16}$.

Donc aussi, pour extraire la racine carrée d'une fraction, *il faut extraire celle du numérateur et celle du dénominateur*. Ainsi $\sqrt{\frac{36}{64}} = \frac{6}{8}$.

Mais il peut se faire que l'un des termes, ou tous deux, ne soient pas des carrés parfaits.

S'il n'y a que le numérateur qui ne soit pas un carré parfait, comme dans la fraction $\frac{2}{9}$, *on extrait la racine approchée du numérateur, et on lui donne pour dénominateur la racine exacte du dénominateur*. La racine du numérateur 2 étant 1,414 à 0,001 près, et celle du dénominateur étant 3 exactement, la racine approchée de la fraction $\frac{2}{9}$ est la quantité $\frac{1,414}{3}$. Cette quantité peut se réduire uniquement en décimales, en divisant le numérateur par le dénominateur (39), ce qui donne 0,471 pour $\sqrt{\frac{2}{9}}$.

Si aucun des deux termes n'est un carré parfait, comme dans la fraction $\frac{3}{7}$, *on multiplie les deux termes de la fraction par le dénominateur, ce qui, en ne changeant pas la valeur de la fraction, rend le dénominateur un carré parfait, et ramène par conséquent au précédent cas*. Soit, par exemple, à extraire la racine de $\frac{3}{7}$, dont aucun des termes n'est carré parfait: ayant multiplié les deux termes par le dénominateur 7, on a pour nouvelle fraction $\frac{21}{49}$. On extrait la racine carrée de 21 à 0,01 près, ce qui donne 4,58, et celle de 49, qui est 7; on a donc pour $\sqrt{\frac{3}{7}}$, la quantité $\frac{4,58}{7}$, qui, réduite en fraction décimale, donne 0,654.

Quand des entiers sont joints aux fractions, *on réduit le tout en une expression fractionnaire, sur laquelle on opère comme il vient d'être dit pour les fractions*.

Il est un moyen plus expéditif d'extraire la racine carrée d'une fraction dont un ou les deux termes ne sont pas carrés parfaits: *c'est de la convertir préalablement en fraction décimale, et d'extraire ensuite la racine ainsi qu'il a été enseigné. S'il y a des entiers*

joints à la fraction, on la réduit également en déci-
males, que l'on rapporte à la droite du nombre en-
tier; puis on extrait la racine carrée du nombre
décimal ainsi formé.

Proportions.

63. On appelle *rapport*, le quotient de la division d'un nombre par un autre : ainsi, le rapport de 24 à 8 est 3 ; celui de 6 à 9 est $\frac{6}{9}$ ou $\frac{2}{3}$, ou, en décimales, 0,666.

Pour indiquer que l'on compare deux quantités sous ce point de vue, on les sépare par deux points. Le premier nombre d'un rapport (*le dividende*) prend le nom d'*antécédent*, le second nombre (*le diviseur*) prend celui de *conséquent*. L'un et l'autre s'appellent *les termes du rapport.*

64. On appelle *proportion*, l'ensemble de quatre nombres tels, que le rapport du 1.ᵉʳ au 2.ᵉ est égal au rapport du 3.ᵉ au 4ᵉ. Ainsi les nombres 12 et 3 et 20 et 5 forment une proportion, parce que le rapport entre les deux premiers est 4, et que le rapport entre les deux derniers est également 4.

Pour indiquer cette proportion, on écrit :

1.ᵉʳ rapport.   2.ᵉ rapport.
12 : 3 :: 20 : 5,

séparant les deux termes de chaque rapport par deux points l'un sur l'autre, et séparant les deux rapports par quatre points disposés carrément. On énonce ainsi cette proportion : 12 est à 3 comme 20 est à 5.

Comme dans une proportion il y a deux rapports , et par suite deux antécédents et deux conséquents, ceux du premier rapport sont dits : 1.ᵉʳ antécédent et 1.ᵉʳ conséquent; et ceux du second rapport : 2.ᵉ antécédent et 2.ᵉ conséquent. Le premier et le dernier terme s'appellent aussi *les extrêmes*, le second et le 3.ᵉ s'appellent *les moyens.*

65. Lorsque, dans une proportion, les moyens se

trouvent égaux, la proportion est dite *continue*. Ainsi,
5 : 20 :: 20 : 80 est une *proportion continue*.

Propriétés des proportions.

66.   La propriété d'où découlent toutes les autres, et
qui, par cette raison, est appelée *propriété fondamentale*, est que, *dans toute proportion, le produit
des extrêmes est égal au produit des moyens*.

Pour le démontrer, soit la proportion 56 : 8 :: 35 : 5.

On peut toujours ramener une proportion à
avoir les antécédents égaux aux conséquents, en
multipliant les conséquents par le rapport : opérant
ce changement, on aurait 56 : 56 :: 35 : 35. Or,
après cette transformation, le produit des extrêmes et
celui des moyens étant évidemment égaux, comme
formés de deux mêmes facteurs 56 et 35, c'est une
preuve qu'ils l'étaient avant ce changement ; car on n'a
fait que multiplier le moyen 8 par le rapport 7, et
l'extrême 5 par ce même rapport 7.

67.   De cette propriété il résulte que, si un terme
d'une proportion était inconnu, par exemple un
extrême, *on le trouverait en faisant le produit des
moyens, et le divisant par l'extrême connu*. Soit à
chercher le 4.ᵉ terme de la proportion suivante, lequel sera représenté par x :

$$7 : 21 :: 8 : x.$$

Nous raisonnerons ainsi : Si l'on connaissait le produit des extrêmes, en le divisant par l'extrême connu,
on aurait l'autre *(29 bis)*. On ne connaît pas ce produit, mais on peut obtenir celui des moyens, qui lui
est égal (66) ; donc, en divisant ce produit des
moyens par l'extrême connu, on aura l'extrême inconnu. Nous ferons donc le produit des moyens 21
et 8, ce qui donne 168, que nous divisons par l'extrême 7, ce qui donne $x = 24$.

Par la même raison, on démontrerait que si c'était

un moyen qui fût inconnu, on l'obtiendrait en faisant le produit des extrêmes, et en divisant ce produit par le moyen connu.

Il résulte aussi de la propriété fondamentale des proportions (66) que, dans toute proportion continue (65), *le produit des extrêmes est égal au carré d'un des moyens.*

Pour le reconnaître, il suffit de remarquer que, dans une proportion continue, les deux moyens étant égaux, leur produit sera le carré de l'un d'eux; donc le produit des extrêmes, qui est égal à celui des moyens, sera aussi égal au carré d'un des moyens. Par conséquent, pour trouver les moyens d'une proportion continue, *il faudra faire le produit des extrêmes, et en extraire la racine carrée.*

Soit à trouver les moyens de la proportion suivante, lesquels seront représentés par x.

$$12 : x :: x : 108.$$

Il faut faire le produit des extrêmes, ce qui donne 1296; puis on extrait la racine carrée, qui est 36. La proportion sera donc......12 : 36 :: 36 : 108.

68. Enfin, il résulte encore de ce que dans toute proportion le produit des extrêmes est égal à celui des moyens, *que chaque fois que quatre quantités seront telles que le produit des extrêmes soit égal à celui des moyens, ces quatre quantités formeront une proportion.* Il découle de cette dernière propriété, qu'on peut faire subir aux quatre termes d'une proportion tout déplacement et changement quelconque, en tant que ces transformations n'empêcheront pas que le produit des extrêmes et celui des moyens soient toujours égaux.

De tous ces déplacements, nous ne considérerons que ceux qui pourront plus tard nous être de quelque usage.

Remarquons d'abord : *que les moyens peuvent être mis à la place l'un de l'autre, ainsi que les extrêmes ; et qu'on peut aussi mettre les extrêmes à la place des moyens, sans troubler la proportion ;* c'est ainsi que la proportion 9 : 2 :: 27 : 6, peut fournir, par ces transpositions des termes, les proportions suivantes :

9:2::27:6.   9:27::2:6.   6:2::27:9.   6:27::2:9.
2:9::6:27.   2:6::9:27.   27:9::6:2.   27:6::9:2.

On peut aussi *multiplier ou diviser à la fois un moyen et un extrême par un même nombre, sans détruire une proportion ;* par la raison que le produit des extrêmes et celui des moyens restent égaux.

Soit la proportion 7 : 3 :: 28 : 12.

Le produit des extrêmes étant égal à celui des moyens, on peut écrire $7 \times 12 = 3 \times 28$. Or, cette égalité ne sera point troublée si l'on multiplie, par exemple, l'extrême 12, qui est dans le premier nombre, et le moyen 28, qui est dans le second, tous deux par 5 ; ce qui donnerait $7 (\times 12 \times 5) = 3 (\times 28 \times 5)$: d'où l'on peut tirer la proportion $7 : 3 :: 28 \times 5 : 12 \times 5$.

Quand deux proportions ont un rapport commun, on peut former une proportion avec les deux autres rapports ; par la raison que ces deux autres rapports étant égaux à celui qui est commun, seront égaux entre eux.

Ainsi la proportion.... 5 : 7 :: 15 : 21

et celle.... 5 : 7 :: 10 : 14, qui ont un rapport commun, peuvent fournir la proportion.............. 15 : 21 :: 10 : 14.

Lorsqu'on multiplie deux ou un nombre quelconque de proportions termes à termes, c'est-à-dire les premiers termes les uns par les autres, les seconds termes les uns par les autres, etc., les quatre produits forment une proportion ; car, en multipliant plusieurs proportions, on multiplie des rapports égaux par des rapports égaux. Les rapports composés qui en résultent, doivent donc nécessairement être égaux.

Soient les proportions... $\begin{cases} 3 : 6 :: 4 : 8 \\ 5 : 7 :: 15 : 21 \end{cases}$

Les multipliant termes à termes, on aura la proportion $3 \times 5 : 6 \times 7 :: 4 \times 15 : 8 \times 21$.

Application des proportions.

Les proportions sont d'un usage fréquent dans les mathématiques. Nous allons en faire connaître quelques applications à la résolution des problèmes d'arithmétique.

RÈGLE DE TROIS.

Règle de trois simple.

67. On appelle *règle de trois simple*, celle dans l'énoncé de laquelle il n'entre que trois quantités connues, et une 4.e à trouver.

68. La règle de trois simple peut être *directe* ou *inverse*. Elle est directe lorsque *le plus* donne *plus*, ou que *le moins* donne *moins*, ce qui va s'expliquer ci-après.

EXEMPLE.

6 ouvriers ont fait 20 mètres d'ouvrage en un certain temps, combien 13 ouvriers en feront-ils?

Dans l'énoncé de ce problème, il entre *trois* quantités connues et une 4.e à chercher ; cela donne lieu à une *règle de trois simple* (67). Cette règle de trois simple est dite *directe*, parce que *plus* il y aura d'ouvriers, *plus* il sera fait de mètres d'ouvrage (68). Il est, en outre, évident que le rapport entre les deux nombres d'ouvriers et celui entre les nombres de mètres doivent êtres égaux (64); ou, en d'autres termes, que les nombres de mètres doivent être directement proportionnels aux nombres d'ouvriers ; ce qui permet d'écrire une proportion avec les trois quantités connues et celle inconnue, que l'on représente par x.

Le premier rapport de cette proportion est formé des deux quantités de même espèce connues, et le deuxième des deux autres quantités aussi de même espèce, dont une est connue. On a soin *qu'une quantité et celle qui lui est relative*, c'est-à-dire celle à laquelle elle est liée par la question, *soient les antécédents, et les deux autres les conséquents* (63). Pour résoudre la règle de trois directe proposée, nous écrirons donc la proportion

$$6 : 13 :: 20 : x$$

d'où l'on tire $x = \frac{13 \times 20}{6} = 43^m,33^c$

69. La règle de trois est dite *inverse*, lorsque le *plus* donne *moins* ou que le *moins* donne *plus*, ainsi que nous allons l'expliquer.

EXEMPLE.

15 ouvriers ont mis 17 jours à faire un ouvrage, combien 24 ouvriers mettront-ils de jours à faire le même ouvrage ?

Il est évident que puisqu'il y a *plus* d'ouvriers pour faire le même ouvrage, ils mettront *moins* de jours : les nombres de jours sont donc proportionnels aux nombres d'ouvriers, mais dans un sens *inverse ;* ce qui permet encore de résoudre ce problème par une proportion. Mais on doit poser le rapport qui sera formé par les nombres d'ouvriers, dans un ordre inverse de celui qui sera formé par les nombres de jours, ce qui s'obtient toujours en mettant *une quantité et celle qui lui est relative aux extrêmes, et les deux autres aux moyens.*

Pour le problème ci-dessus, nous écrirons donc

$$24 : 15 :: 17 : x$$

d'où l'on tire $x = \frac{15 \times 17}{24} = 10$ jours 7 h. 50 m.

Règle de trois composée.

La règle de trois est dite composée, lorsque, contrairement aux précédents exemples, le rapport de la quantité inconnue à la quantité de même espèce n'est pas donné par le rapport seul des deux autres quantités, mais par plusieurs autres rapports.

Dans les règles de trois composées, *il entre plus de trois quantités connues.*

On les résout par autant de règles de trois simples, directes ou inverses, qu'il y a de quantités dont dépend le résultat cherché, en considérant ces quantités successivement.

EXEMPLE.

4 ouvriers travaillant 5 heures par jour ont fait en 5 jours 90 mètres d'ouvrage, combien 7 ouvriers travaillant 7 heures par jour en feront-ils en 3 jours ?

Pour résoudre cette question, on a à tenir compte non-seulement du nombre d'ouvriers, qui est différent, mais encore des nombres d'heures et de jours.

Nous supposerons un instant que les nombres d'heures et de jours n'aient pas changé, et nous résoudrons la question ainsi modifiée : *4 ouvriers ont fait 90 mètres, combien 7 ouvriers feront-ils ?* Et, raisonnant comme il a été dit pour les règles de trois simples, nous poserons la proportion

$$4 : 7 :: 90 : x, \text{ d'où } x = \frac{7 \times 90}{4}$$

(*pour ce que feraient les 7 ouvriers en travaillant le même temps*). Supposant toujours que le nombre de jours de travail soit le même, et considérant seulement le nombre d'heures, nous dirons : Mais ce n'est pas pendant 5 heures par jour que les 7 ouvriers travaillent, c'est pendant 7 heures.

Le raisonnement donne donc lieu à cette autre règle de trois simple : *Si en travaillant 5 heures par jour ils ont fait* $\frac{7 \times 90}{4}$ *mètres, combien feront-ils en travaillant 7 heures par jour ?* Ce qui fournit la proportion $5 : 7 :: \frac{7 \times 90}{4} : x$, d'où $x = \frac{7 \times 90 \times 7}{4 \times 5}$ (*pour ce que feraient les 7 ouvriers travaillant 7 heures, mais pendant 5 jours comme les premiers*).

Enfin, considérant les nombres de jours différents, nous dirons : Ce n'est pas pendant 5 jours qu'ils ont travaillé, mais seulement pendant 3 jours. Ce qui donne cette troisième règle de trois simple : *Si en 5 jours on fait* $\frac{7 \times 90 \times 7}{4 \times 5}$ *mètres, combien fera-t-on en 3 jours ?* Ce qui fournit la proportion

$$5 : 3 :: \frac{7 \times 90 \times 7}{4 \times 5} : x, \text{ d'où } x = \frac{7 \times 90 \times 7 \times 3}{4 \times 5 \times 5}$$

Effectuant les calculs (en supprimant les facteurs communs aux deux termes de la fraction, lorsque le cas se présente), on trouve que le nombre de mètres cherché est $132^m,30^c$.

Problèmes sur la règle de trois simple et la règle de trois composée.

En 6 jours un ouvrier gagne 21 fr.; combien gagnera-t-il en 45 jours ?

Combien faut-il de kilogrammes de pain, par jour, pour nourrir 153 hommes, sachant qu'il en faut 50 kilogrammes pour 62 hommes ?

Si l'on pompe $3^{m\,cubes},50$ d'eau en 10 minutes, combien faudra-t-il de temps pour vider une pièce d'eau contenant $145^{m\,cubes},75$?

Combien paiera-t-on pour le transport de Paris à Nantes de 310 kilogrammes de marchandises, sachant que pour 4 caisses de 37 kilogrammes chacune on a payé en tout $50^f,60^c$.

Dans un atelier composé de 23 hommes, il a été fait 150^m d'ouvrage en 23 jours ; combien eût-on fait de mètres, si l'on avait mis 7 hommes de plus ?

25 hommes devaient faire un ouvrage en 30 jours, mais on voudrait qu'il fût terminé en 12 jours; combien faut-il mettre d'hommes à ce travail?

Si, pour faire 123^m d'un ouvrage, il a fallu 26 hommes pendant 25 jours, combien faudra-t-il d'hommes pour faire 54 mètres en 13 jours?

Un homme a fait 180 lieues en 28 jours, en marchant 5 heures par jour; combien parcourrait-il en 3 jours, en marchant 6 heures par jour?

RÈGLE DE SOCIÉTÉ.

La règle de société a pour but de répartir entre plusieurs associés, et proportionnellement à leurs mises, le bénéfice ou la perte résultant de leur association.

Règle de société simple.

La règle de société est dite simple, lorsque la proportion des parts ne dépend que d'une quantité donnée.

EXEMPLE.

Trois serruriers se sont réunis pour entreprendre un travail. L'un d'eux y a contribué pour 2000 fr., un autre pour 4000 fr., et le 3.ᵉ pour 6000 fr.; le bénéfice ayant été 1800 fr., on demande la part qui en reviendra à chacun?

Cette règle de société est simple, puisque la part de chaque sociétaire dans le bénéfice ne dépend évidemment que de la mise. *Il ne s'agit donc que de partager le gain en 3 parties proportionnelles aux mises. Or, il est évident que la mise totale est à la somme totale à partager, comme la mise de chacun est au bénéfice de chacun;* que conséquemment, pour chaque part, il ne s'agit que de résoudre une règle de trois, par une proportion dont le 1.er terme est le total des mises, le 2.e le bénéfice à partager, le 3.e la mise de chacun, et le 4.e la part de chacun.

D'où il suit que la solution du problème ci-dessus, se fera comme suit :

		Mise totale. Bénéfice. Mise du 1.er	Part du 1.er
Mise du 1.er	2000	$12000 : 1800 :: 2000 : x =$	300 f.
		Mise du 2.^{e}	Part du 2.^{e}
Mise du 2.^{e}	4000	$12000 : 1800 :: 4000 : x =$	600 f.
		Mise du 3.^{e}	Part du 3.^{e}
Mise du 3.^{e}	6000	$12000 : 1800 :: 6000 : x =$	900 f.
		Pour faire la preuve, on additionne les 3 parts, qui doivent	
Mise totale.	12000	donner le bénéfice total. . .	1800 f.

Règle de société composée.

La règle de société est dite composée, lorsque les parts des sociétaires dépendent, chacune, de plusieurs quantités données.

EXEMPLE.

Trois commerçants ont mis en société : le 1.er 3000^f pendant 12 mois ; le 2.e 750^f pendant 10 mois, et le 3.e 500^f pendant 6 mois : quelle est la part de chacun dans le bénéfice, qui est de 6000^f.

Dans ce problème, la part de chaque associé dans les bénéfices, dépend non-seulement de la mise, mais aussi du temps pendant lequel elle est restée dans la société ; c'est pour cette raison que la règle est dite composée.

Mais on réduit facilement les mises à un même temps, en multipliant chacune d'elles par le temps pendant lequel elle est restée dans la société, ainsi que l'indique le raisonnement suivant :

3000 fr. pendant 12 mois produisent autant

que 12 fois 3000, ou 36000 *pendant 1 mois.*

750 pendant 10 mois produisent autant que 10 fois 750, ou 7500 *pendant 1 mois.*

500 pendant 6 mois produisent autant que 6 fois 500, ou 3000 *pendant 1 mois.*

Ainsi, la question est réduite à cette autre : *Les mises des trois associés sont 36000ᶠ, 7500ᶠ et 3000ᶠ; combien revient-il à chacun sur le bénéfice, qui est 6000ᶠ?*

SOLUTION.

Mise du 1.ᵉʳ	36000	Mise totale.	Bénéfice.	Mise du 1.ᵉʳ		Part du 1.ᵉʳ
		46500 :	6000	:: 36000 :	$x =$	4645ᶠ,16ᶜ
Mise du 2.ᵉ	7500			Mise du 2.ᵉ		Part du 2.ᵉ
				:: 7500 :	$x =$	967ᶠ,74ᶜ
Mise du 3.ᵉ	3000			Mise du 3.ᵉ		Part du 3.ᵉ
				:: 3000 :	$x =$	387ᶠ,10ᶜ
	46500	Preuve donnant le bénéfice total.			.	6000ᶠ,00ᶜ

Problèmes sur les règles de société simples et composées.

Trois charpentiers ont acquis une certaine quantité de bois : le 1.ᵉʳ a contribué à cet achat pour une somme de 275ᶠ, le 2.ᵉ pour 475ᶠ, et le 3.ᵉ pour 500ᶠ; ce marché leur a procuré un gain de 150ᶠ, on demande quel est le bénéfice de chacun?

Un homme devait à un créancier 24000ᶠ, et à un autre 3200ᶠ; mais il ne laisse en mourant que 18000ᶠ : combien revient-il à chacun proportionnellement à sa créance, et quelle est sa perte?

Deux maçons ont entrepris la construction d'un mur : le premier y a dépensé 540ᶠ, le 2.ᵉ 1050ᶠ : On demande la part de chacun dans le bénéfice, qui est de 260ᶠ?

4 personnes se sont associées : la première a mis 1000ᶠ pendant 15 mois, la 2.ᵉ 1200ᶠ pendant

8 mois, la 3.ᵉ 950ᶠ pendant 11 mois, et la 4.ᵉ 1550ᶠ pendant 13 mois. On demande la part de chacune dans le bénéfice total, qui est de 4800ᶠ?

Trois ouvriers s'étant associés pour des travaux de menuiserie, ont mis pour les achats : le 1.ᵉʳ 300ᶠ, le 2.ᵉ 270ᶠ, et le 3.ᵉ 350ᶠ; le 1.ᵉʳ a travaillé 20 jours, le 2.ᵉ 33 jours, et le 3.ᵉ 40 jours. On demande la part de chacun dans le bénéfice commun, qui est de 380ᶠ?

RÈGLE D'INTÉRÊT.

Règle d'intérêt simple.

La règle d'intérêt a pour but de connaître le bénéfice que rapporte une somme prêtée pendant un certain temps.

Dans une règle d'intérêt, on distingue : *Le capital,* qui est l'argent placé ; *le taux ou l'intérêt de* 100ᶠ, qui est ce que rapportent 100ᶠ pendant un an ; et *le temps,* c'est-à-dire le nombre d'années, de mois ou de jours pendant lequel le capital est resté placé.

La règle d'intérêt est simple, lorsque le capital reste le même pendant toute la durée du prêt.

Les règles d'intérêt ne sont, comme les règles de société, que des applications des proportions et des règles de trois.

Avant de résoudre les règles d'intérêt, observons qu'il est généralement admis, dans le commerce, de compter les années pour 360 jours, et les fractions d'année pour leur nombre réel de jours.

EXEMPLE DE RÈGLE D'INTÉRÊT SIMPLE.

Combien 600ᶠ rapporteront-ils dans 3 ans, étant placés à 5 p. % par an ? (*Lisez 5 pour cent.*)

Pour résoudre ce problème, on observera que

si 100^f donnent 5^f par an, dans 3 ans ils donneront 5×3. Il suffit donc, pour obtenir ensuite l'intérêt des 600^f, de trouver le 4.e terme de la proportion

Cent.   Capital.   Intérêt × Temps.

$$100 : 600 :: 5 \times 3 : x, \text{ d'où } x = \frac{600 \times 5 \times 3}{100} = 90^f$$

Autre exemple.

Combien 500 fr. rapporteront-ils dans 4 ans 4 mois 30 jours, à raison de 5 p. %?

Lorsque, comme dans ce cas, le capital est resté placé un nombre d'années, de mois et de jours, on réduit le tout en jours ; ce qui, pour cet exemple, donne 1590 jours ; puis on cherche d'abord ce que rapporteront 100 fr. pendant ces 1590 jours, par la proportion $360 : 1590 :: 5 : x$, d'où $x = \frac{5 \times 1590}{360}$ L'intérêt de 100^f dans 1590 jours étant $\frac{5 \times 1590}{360}$, le cas est ramené au précédent ; c'est à présent comme si l'on demandait : Combien 500 fr. rapporteront-ils dans 1590 jours, sachant que 100 fr. rapportent $\frac{5 \times 1590}{360}$; ce qui s'obtient par la proportion

Cent.   Capital.   Intérêt de cent pendant le temps.

$$100 : 500 :: \frac{5 \times 1590}{360} : x, \text{ d'où } x = \frac{500 \times 5 \times 1590}{100 \times 360} = 110^f,41^c.$$

70. A l'aide de cette dernière formule, qui peut être traduite sous une forme générale, en représentant : le capital par c, le taux de l'intérêt de 100 fr. par i, et le temps par t, et qui par conséquent devient $100 : c :: \frac{i \times t}{360} : x$; à l'aide de cette formule, disons-nous, on pourra, avec quelque attention, résoudre tous les problèmes sur les règles d'intérêts simples, soit qu'on cherche le capital, l'intérêt ou le temps, en mettant les nombres connus à la place des lettres, et en représentant l'inconnu par x.

Règle d'intérêts composés ou intérêts des intérêts.

La règle d'intérêts composés a pour but de connaître ce que vaudra une somme placée pendant un certain temps, si chaque année les intérêts sont ajoutés au capital pour rapporter des intérêts avec celui-ci.

Soit proposé de connaître combien vaudront 668 ^{f}, placés pendant 3 ans, à 5 p. %, si l'on ajoute chaque année les intérêts au capital.

Voici par quel raisonnement on découvrira la résolution de ces sortes de règles : 100 ^{f} placés à 5 p. % valant au bout d'un an 105 ^{f}, 1 ^{f} vaudra 100 fois moins, c'est-à-dire 1 ^{f},05 ^{c}; donc les 668 ^{f}, au bout de la 1.re année, vaudront 668 × 1,05 ^{c}, ce qui sera *le capital pendant la 2.e année.*

Pour savoir ce que vaudra cette nouvelle somme pendant la 2.e année, on emploiera le même raisonnement : Puisque au bout d'un an 1^f vaut 1^f,05, 668 × 1,05 vaudront 668 × 1,05 × 1,05, ou 668 × 1,05^2, ce qui sera le *capital pendant la 3.e année.*

Enfin, pour savoir ce que vaudrait cette nouvelle somme au bout de la 3.e année, on dira encore : Puisque dans un an 1 ^{f} vaut 1,05, 668 × 1,05^2 vaudront 668 × 1,05^2 × 1,05, ou 668 × 1,05^3.

D'où l'on conclut que, pour résoudre une règle d'intérêts composés, *il faut multiplier le capital par la valeur de 1^f au bout d'une année, élevée à une puissance marquée par le nombre d'années* (56 *bis*).

SOLUTION.

Valeur de 1^f au bout d'un an..... 1^f,05

$$
\begin{array}{r}
1,05 \\
1,05 \\
\hline
525 \\
1050 \\
\hline
\end{array}
$$

2.e puissance 1,1025

$$
\begin{array}{r}
1,05 \\
\hline
55125 \\
110250 \\
\hline
\end{array}
$$

3.e puissance 1,157625

3.e puissance 1,1576

par le capital 668^f

$$
\begin{array}{r}
92608 \\
69456 \\
69456 \\
\hline
\end{array}
$$

Valeur des 668^f au bout de 3 ans 773^f,2768

Si au nombre d'années on trouvait joint un nombre de mois ou de jours, *on opérerait d'abord pour le nombre d'années comme il vient d'être démontré; ensuite pour le nombre de jours, on opérerait ainsi qu'il a été dit pour les règles d'intérêts simples; puis on ferait une somme de ces deux résultats.*

Ainsi, si l'on avait à chercher ce que vaudraient les 668^f dans 3 ans 7 mois 9 jours, ayant trouvé qu'au bout de 3 ans cette somme vaudrait 773^f,28, on cheiche ensuite ce que rapporterait cette nouvelle somme de 773^f,28 placée pendant 7 mois 9 jours, ou 221 jours, en se servant de la formule générale (70), ce qui fournit la proportion

$$100 : 773^f, 28 :: \frac{5 \times 221}{360} : x,$$

d'où $x = \dfrac{773^f, 28 \times 5 \times 221}{100 \times 360} = 23^f,73$

Ajoutant cette somme à ce que valent les 668^f au bout de 3 ans, ci....... 773,28

On a pour 3 ans 7 mois et 9 jours.. 797^f,01

Les commerçants, pour obtenir les intérêts simples, emploient une méthode infiniment plus expé-
ditive, que nous engageons à suivre préférablement.

Sommairement, on peut dire que *cette méthode
consiste à transformer le calcul de manière à n'opérer que pour un jour, tant pour le capital que
pour le taux*; mais cette définition pouvant présenter quelque ambiguïté, prenons tout d'abord un
exemple, sur lequel nous raisonnerons, afin de rendre
cette méthode immédiatement sensible à l'intelli-
gence.

Soit à trouver l'intérêt de 500 ^{f} pendant 410 jours,
à 6 p. ^{o}/$_o$.

71. Pour le capital, nous raisonnerons ainsi :

500 ^{f} pendant 410 j. rapporteront autant que 410
fois 500, ou 205000 ^{f} pendant 1 jour.

72. Puis, pour le taux, nous dirons : 100 ^{f} rap-
portant 6 ^{f} en 360 jours, 360 fois 100, ou 36000 ^{f}
rapporteront également 6 ^{f} pendant 1 jour, ou (prenant le 6.e de part et d'autre) 6000 ^{f} rapporteront
1 ^{f} dans 1 jour.

Il ne reste donc plus qu'à résoudre la règle de
trois suivante : *Si* 6000 ^{f} *rapportent* 1 ^{f} *par jour,
combien rapporteront* 205000 ^{f} ? ce qui donne lieu à
la proportion suivante :

$$6000 : 1 :: 205000 : x, \text{ d'où } x = \frac{1 \times 205000}{6000}$$

La multiplication de 1 par 205000 donnant ce
même nombre, il reste seulement à faire la division
par 6000, qui peut s'effectuer en séparant d'abord
3 chiffres décimaux (*ce qui divise par* 1000), puis
en prenant ensuite le 6.e (*ce qui achève de diviser
par* 6000), et donne 34^f,166 pour les intérêts de
500 ^{f} pendant 410 jours.

Nous résumant, nous dirons que cette méthode de
calculer les intérêts s'effectue *en multipliant le capital
par le nombre de jours* (71) (*ce qui, dans cet exemple,
nous a donné le nombre* 205000), *puis en divisant*

le produit par 6000 (*somme qui rapporte* 1ᶠ *par jour lorsque le taux est* 6 *p.* %, *comme dans cet exemple*).

73.   En calculant comme nous l'avons indiqué (72), on a trouvé toutes les sommes qui, pour les taux en usage, donnent 1ᶠ par jour.

Ces sommes sont :   6000ᶠ à 6 p. %.
                     6545ᶠ à 5 $\frac{1}{2}$.
                     7200ᶠ à 5.
                     8000ᶠ à 4 $\frac{1}{2}$.
                     9000ᶠ à 4.

Pour le taux à 5 $\frac{1}{2}$, et pour celui à 5, comme la division par 6545 et celle par 7200 seraient assez longues, on a un moyen d'abréger le calcul : pour le premier taux, celui à 5 $\frac{1}{2}$, on calcule sur le taux de 6, mais on retranche ensuite $\frac{1}{12}$ au résultat ; pour le taux à 5, on calcule également sur le taux de 6, mais on retranche ensuite $\frac{1}{6}$ du résultat.

On voit combien cette méthode de calculer des intérêts est prompte et facile ; mais c'est lorsqu'on cherche les intérêts de plusieurs sommes placées pendant des temps différents, qu'on en reconnaît toute la célérité. En effet, il suffit *de multiplier chaque capital par le nombre de jours, puis d'additionner tous les produits, et de diviser le total par le nombre qui, au taux convenu, donnerait* 1ᶠ *par jour.*

EXEMPLE.

Soit à chercher les intérêts à 5p. % de 3720ᶠ,00ᶜ pendant 90 jours, de 5,003ᶠ,80ᶜ pendant 322 jours, de 800ᶠ,00ᶜ pendant 48 jours, et de 2500ᶠ,00ᶜ pendant 59 jours.

SOLUTION.

				Produits du capital par le nombre de jours.
3720ᶠ,00ᶜ·	pendant	90	jours...	334800
5003ᶠ,80ᶜ·	*id.*	322	*id.* ...	1611288
800ᶠ,00ᶜ·	*id.*	48	*id.* ...	38400
2500ᶠ,00ᶜ·	*id.*	59	*id.* ...	147500
			TOTAL......	2131988

Comme le taux est 5 p. %, il faut diviser par 7200^f; mais, pour abréger le calcul, on le suppose un instant à 6 p. %. On divise donc par 6000 (73), en séparant d'abord trois chiffres décimaux, puis en prenant le 6.e, ce qui donne.......   355^f,331

Mais le taux n'étant qu'à 5, il faut donc retrancher le 6.e de ce dernier résultat, lequel est............   59^f,221

Reste pour l'intérêt des diverses sommes à 5 p. %............   296^f,110

PROBLÈMES SUR LES RÈGLES D'INTÉRÊTS SIMPLES ET COMPOSÉS.

Problèmes à intérêt simple.

Quel est l'intérêt de 10500^f placés à 4 p. % pendant 5 ans 19 jours?

Quel capital faut-il placer à 5 p. % pour avoir une rente annuelle de 3200^f?

Sachant qu'une somme de 8680^f a rapporté 1171^f,80^c pendant 3 ans, on demande à quel taux elle était placée?

Problèmes à intérêts composés.

On demande combien vaudront 4200^f, placés à 5 p. %, au bout de 3 ans, si l'on capitalise chaque année les intérêts avec le capital?

Combien vaudront 388000^f, placés à 4 $\frac{1}{2}$ p. %, pendant 2 ans 43 jours, avec les intérêts des intérêts?

RÈGLE D'ESCOMPTE.

La règle d'escompte a pour but *de calculer ce qu'il faut diminuer du montant d'un billet payable à une époque fixée, pour en recevoir le montant immédiatement.*

Raisonnons sur l'exemple suivant :

Combien doit-on prendre d'escompte, à raison de 5 p. %, pour toucher un billet de 450ᶠ payable dans 2 ans et 45 jours ?

On conçoit que, puisque le billet n'est payable que dans 2 ans et 45 jours, on n'a pas le droit d'en réclamer immédiatement le montant, qui est de 450ᶠ, et que, si on vous le solde avant le terme fixé, c'est évidemment comme si on vous prêtait cette somme pour le temps qui reste à s'écouler. Il est donc juste qu'*on en déduise l'intérêt calculé pour ce temps.*

Cherchant donc l'intérêt des 450ᶠ, à 5 p. %, pendant 2 ans 45 jours, ou 765 jours, soit à l'aide de la formule $100 : c :: \frac{i \times t}{360} : x$ (70), mais préférablement par la méthode employée dans le commerce, on trouve que cet intérêt, appelé dans ce cas escompte, est de 47ᶠ,81. Conséquemment, le billet étant de.................... 450ᶠ,00ᶜ
doit être diminué de cet escompte...   47,81

Reste à toucher immédiatement.   402ᶠ19ᶜ

Si donc on veut toucher le billet avant son échéance, on n'a droit qu'à ces 402ᶠ,19ᶜ.

On voit que la règle d'escompte se réduit à une simple règle d'intérêt, dont le résultat est retranché de la somme portée au billet; nous nous bornerons donc à ces seules explications et à ce seul exemple.

Règle d'alliage ou de mélange.

La règle d'alliage *a pour but de trouver la valeur moyenne de l'unité de plusieurs choses réunies, connaissant la quantité et la valeur particulière de chacune.*

EXEMPLE.

Un marchand de vins a mêlé ensemble 250 litres à 0ᶠ,60ᶜ le litre, 210 litres à 0ᶠ,80ᶜ, et 345 litres à 0ᶠ,70ᶜ. On demande le prix du litre du mélange.

SOLUTION.

$$250 \text{ litres à } 0^f,60^c \text{ valent } 150^f,00^c$$
$$210 \quad id. \quad \text{à } 0,80 \quad id. \quad 168,00$$
$$345 \quad id. \quad \text{à } 0,70 \quad id. \quad 241,50$$

Le mélange de 805 *litres coûtera donc* 559^f,50^c

Puisque les 805 litres coûtent 559^f,50^c, si l'on divise 559^f,50^c par 805, le quotient 0^f,695 exprimera le prix du litre du mélange.

Pour faire la règle d'alliage ou de mélange, il suffit donc : *de multiplier la quantité de chaque espèce de choses par le prix de l'unité, de faire ensuite la somme des produits et celle des quantités, et de diviser la première somme par la seconde.*

Les questions sur la règle d'alliage sont si faciles à résoudre, que nous n'insisterons pas davantage sur ce sujet.

Problèmes sur la règle d'alliage ou de mélange.

Un chef d'atelier a 10 ouvriers payés à 3^f,50^c par jour, 17 autres à 2^f,50^c, 8 autres à 4^f,00^c, et 3 manœuvres à 1^f,75^c; il désire savoir à combien chaque homme lui revient par jour, prix moyen?

On a acheté diverses sortes d'étoffes, savoir : 35^m,50 à 2^f,20^c; 27^m,50 à 1^f,25; et 41^m,00^c à 1^f,75^c. Toutes ces étoffes ayant été employées pour le même travail, on désire connaître à combien revient, moyennement, le mètre?

Un marchand de bois a dans son chantier 14 stères qui lui reviennent à 10^f,00^c l'un; 18 stères à 9^f,50^c; 23 stères à 8^f,00^c, et 8 stères à 7^f,50^c. Il veut faire une vente de la totalité de ces bois, à un prix moyen, et gagner 150^f sur son marché. On demande à quel prix moyen il doit vendre le stère?

FIN.

TABLE.

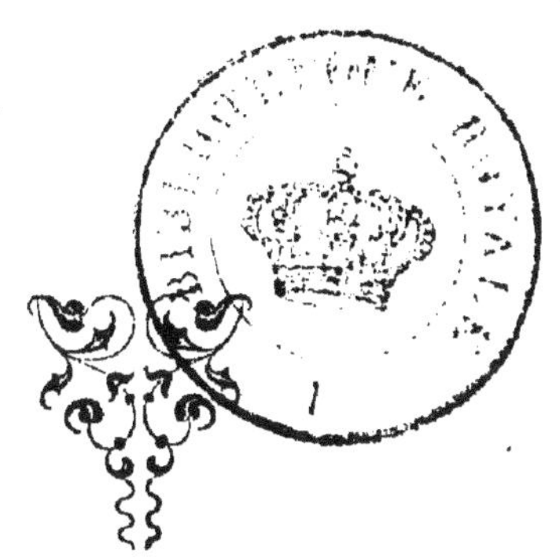

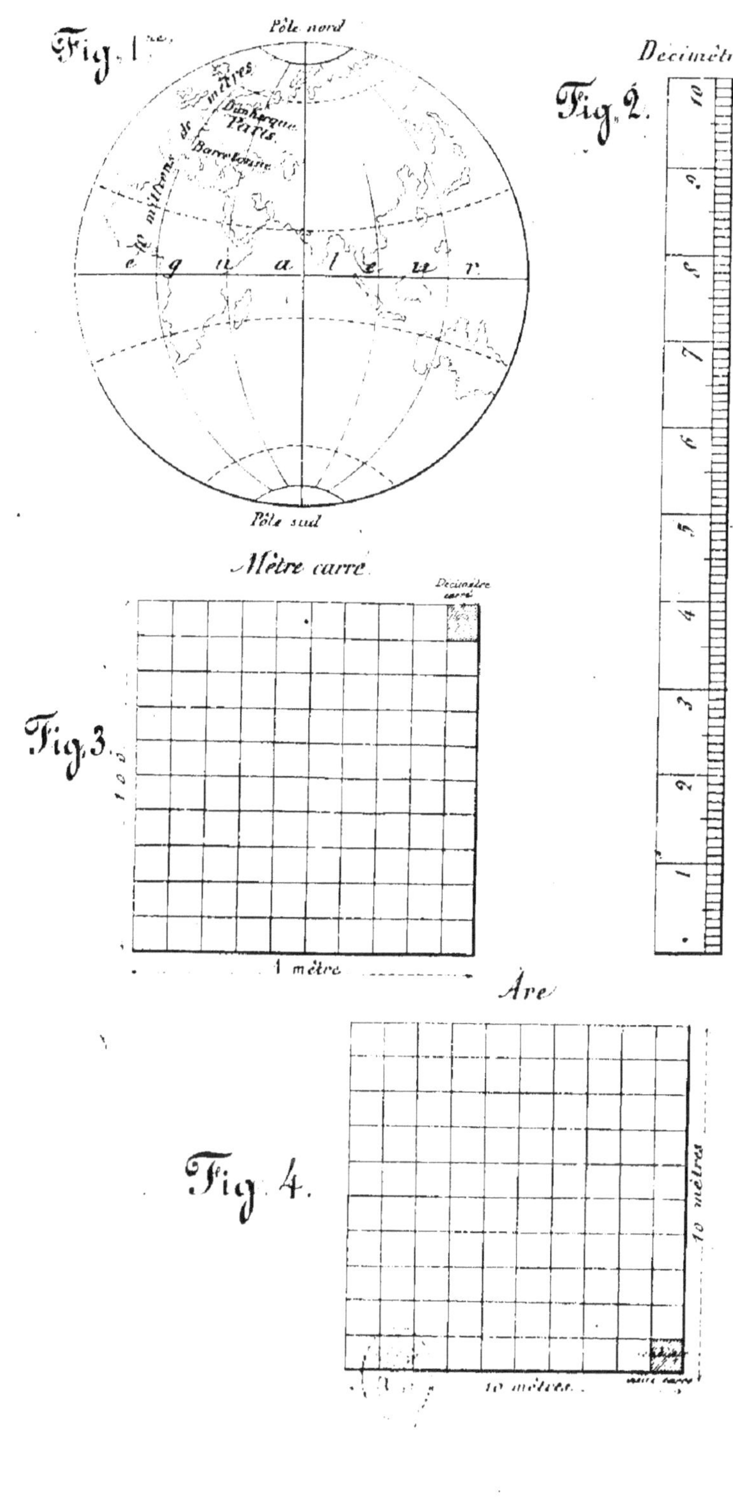

Fig. 1.
Pôle nord
de mètres
mètres
Dunkerque
Paris
Barcelonne
é q u a t e u r
Pôle sud
Décimètre
Fig. 2.
10
9
8
7
6
5
4
3
2
1
Mètre carré.
Décimètre carré
Fig. 3.
100
1 mètre
Are
Fig. 4.
10 mètres
10 mètres

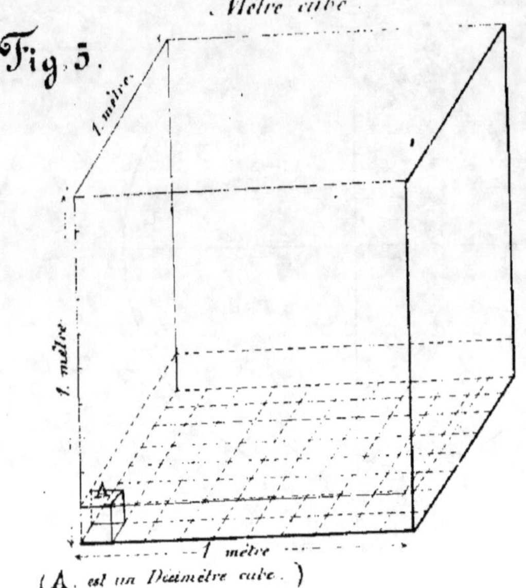

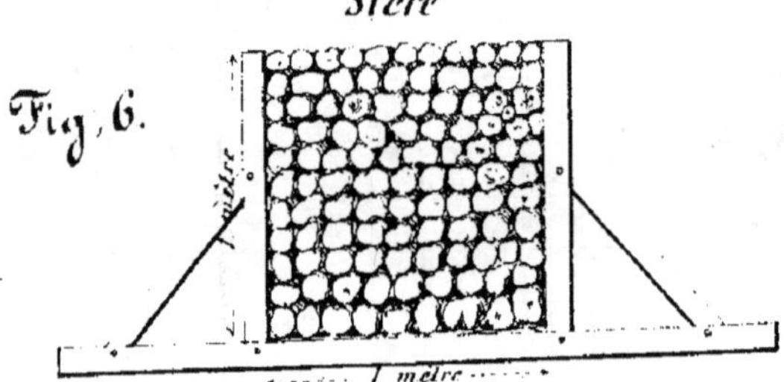

Fig. 7.
Litre.

Fig. 8.
Gramme.

Fig. 9.
Franc.

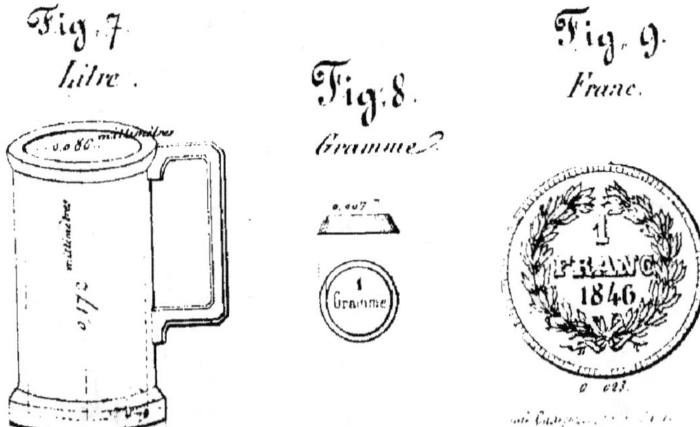